포스트 코로나 시대,
데이터로 읽는
대한민국

포스트 코로나 시대, 데이터로 읽는 대한민국

숫자와 **그림**에서 찾아낸
미래 삶의 **인사이트**

배영 외 지음

플루토

머리말

코로나19는 여전히 진행 중이다. 그동안 수많은 위기 상황이 있었지만, 이처럼 전 세계에 걸쳐 광범위하게 편재된 위험으로 장기간 지속됐던 적은 드물었다. 코로나19의 영향은 단순히 방역과 국민 건강에 국한되지 않았다. 삶에 필요한 물리적 영역과 만나는 사람의 수를 최소화 해야 했고, 삶을 구성하는 가장 기본적인 업무와 학습의 방식에도 변화가 불가피했다. 한편으로, 보편화된 거리 두기 속에서 물리적 접촉을 대체하는 새로운 연결이 나타나기도 했다.

우리는 내다보기 힘든 미래를 예측하느라 저마다의 영역에서 안간힘을 썼다. 겪어 본 적 없는 위기였기에 불확실만이 확실한 상황이 이어졌다. 위기 극복을 위한 말 없는 고군분투와 헌신이 잇따랐다. 하지만 거듭되는 시행착오 속에서 불신과 증오는 성숙한 시민됨을 끊임없이 위협했다. 변화가 필요했고 변화해야만 생존이 가능했다.

이러한 과정에서 작은 충격에도 쉽게 부서지는 우리 사회의 취약 지점이 발견되었다. 비정규직과 소상공인들은 위기로 인한 아픔을 온몸으로 감내해야 했다. 반면, 오랜 시간 누적된 구조적 문제는 변화의 계기가 찾아왔음에도 여전히 굳건하게 뿌리내리고 있었다. 재택근무가 확산되며 거주 공간의 의미가 재발견되었지만 수도권 집중화와 부족한 주택문제는 전혀 나아질 기미가 보이지 않는다. 활성화된 온라인수업은 보다 평등한 교육 기회 제공이 가능하리라는 기대를 낳았지만 오히려 새로운 교육격차가 우려되는 상황이다.

크고 작은 충격과 변화를 경험하며 우리는 지금까지의 삶의 궤적과 방식을 되돌아보고 있다. 이 책은 변화의 소용돌이 속에 자리한 대한민국을 영역별로 되돌아보며 점검하기 위한 차원에서 마련되었다. 산업화와 정보화를 거치며 새롭게 등장한 시대적 가치와 지향 속에서, 빅데이터와 인공지능으로 대표되는 기술 변화에 조응하며 일상을 구성하는 우리 사회 구성원들을 좀 더 다각적이고 세밀하게 살펴보고자 했다.

집필에 참여한 열 명의 전문가들은 포스텍 사회문화데이터사이언스연구소의 데이터사이언스포럼을 통해 만났다. 각자의 영역과 관심 속에 한국 사회의 특수성과 차별성을 찾아 분석하고 함께 논의했다. 사회를 읽고 해석하는 것은 각자가 가진 지식과 경험에 의존하는 경우가 많다. 나만의 생각이 아닌, 좀 더 객관적이고 검증 가능한 해석으로 연결하기 위해 영역별로 존재하는 다양한 데이터를 활용했다. 미시적 개인들의 인식과 행태 변화부터 거시적 사회구조의 변동에 이르기까지 다양한 주제에 대해 데이터에 기반하여 해석과 전망을 싣고자 했다.

책이 나오기까지 짧지 않은 기간 동안 기획과 진행에 있어 많은 분들의 큰 도움을 받았다. 플루토의 박남주 대표는 이번 작업의 최초 기획부터 마무리까지 열과 성을 다해 임해 주셨다. 박 대표님의 열정이 있었기에 각기 다른 얘기들이 하나의 책으로 묶일 수 있었다. 그리고 이 책의 모태가 된 데이터사이언스포럼의 창설부터 그간의 진행까지 물심양면으로 지원해 주신 포스텍 융합문명연구원의 송호근 원장님께도 진심으로 감사드린다. 아울러 책 발간을 위해 마지막까지 애써 주신 포스텍 사회문화데이터사이언스연구소의 최지영 연구교수와 석영은 선생님께도 감사의 말씀을 드린다.

필진 대표 **배 영**

차 례

6장

부동산시장을 이끄는 새로운 세대

7장

키워드로 본 수도권 집중화

8장

부동산 정책을 바라보는 눈

1장

코로나19가 가져온 한국인의
뉴노멀 라이프

강경란

2015년부터 2018년까지 싱가포르 소재 닐슨아시아태평양지역 쇼퍼 인사이트Shopper Insight 그룹 리더로, 2019년에는 해외진출 서비스 컨설팅 그룹 리더로 활동했다. 2021년 현재 닐슨컴퍼니코리아 소비재/유통 서비스 사업부 부장이자 상무이다.

코로나19가 가져온 한국인의 뉴노멀 라이프

2020년 1월 20일 국내 첫 코로나19 확진 환자가 나온 이래, 그 해의 마지막까지도 우리는 코로나와 함께 일상을 보냈다. 2020년 12월 말 전 세계 확진 환자는 7,700만 명을 넘어섰고 사망자 수도 170만 명을 넘어섰다. 백신을 맞은 사람들이 늘고 있기는 하나 어디 하나 안전한 곳 없이 전 세계로 전염병이 퍼져 가는 팬데믹 속에서 우리는 마치 롤러코스터를 타고 있는 듯하다. 코로나19에 대처하는 국내외 상황이 급변하면서 우리 삶의 모습과 관심사도 다이내믹해졌다. 비축을 위한 생필품 소비처럼 즉각적인 사재기 반응이 나타나기도 하고, 마스크를 직접 만들거나 나누는 식으로 코로나19의 위협에 능동적으로 극복해 나가려는 모습도 보인다. 사태가 장기화됨에 따라 코로나19가 촉발한 삶의 행태가 뉴노멀(이전에는 비정상적인 것으로 보였던 현상과 표준이 점차 아주 흔한 표준이 됨)의 한 모습으로 만들어져 가고 있음을 확인할 수 있다. 이제부터 코로나19와 함께한 2020년 한국인의 삶의 모습을 데이터로 자세하게 살펴보자.

세대마다 다른 코로나19에 대한 인식

코로나19를 어떻게 인식하고, 또 인식에 따라 어떻게 대처하고 있는지 세대별로 알아보자. 자료 1을 보면 1980년대 초반부터 2000년대 초반 사이에 태어난 밀레니얼 세대는 본인과 가족의 감염에 대한 우려가 가장 높다는 점에서 다른 세대와 뚜렷한 차이를 보인다. 1990년대 중후반부터 2010년대 초중반 사이에 출생한 Z세대나 1960년대 후반부터 1970년대 사이에 출생한 X세대와 비교할 때 개인과 가족 중심의 가치관이 밀레니얼 세대에서 더 강하기 때문

자료 1 코로나19에 대한 세대별 인식 차이
(2020. 3., 표본수 500명, 〈닐슨 코로나19 소비자 보고서〉)

으로 해석된다.

반면 Z세대는 다른 세대와 비교할 때 코로나19에 대한 우려가 비교적 낮은 집단이다. Z세대의 이러한 인식은 코로나 감염 방지 대응 행동에서도 다른 세대와 다른 양상을 보인다. Z세대는 윗세대가 마스크 착용에 크게 신경 쓰는 것과 달리 사회적 거리 두기와 손 씻기, 손세정제 사용을 중심으로 감염예방 행동을 하는 등 감염 방지에 대한 민감도가 상대적으로 낮은 것으로 나타났다.

한편 감염 민감도와는 달리 코로나19로 가중된 불투명함 속에서 현 사회와 미래를 바라보는 인식에 대한 민감도는 Z세대에서 가장 높게 나타난다. 다시 말해 부정적으로 인식하는 경향이 두드러진 것이다. 자료 2가 보여 주듯이, X세대의 경우 우리나라가 코로나19 대

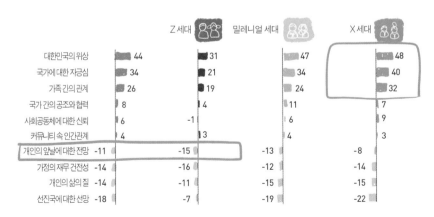

자료 2 코로나19 이후 인식 변화
낮아진 인식은 마이너스(−)로 표시됐다. 따라서 미래에 대한 전망, 재무 건전성, 삶의 질,
선진국에 대한 선망 등은 모두 낮아진 것으로 볼 수 있다.
(2020. 7., 표본수 1,000명, 〈닐슨 뉴노멀 보고서〉)

응을 잘해 대한민국의 위상을 높였다고 평가하고, 국가에 대한 자긍심도 코로나19 이전과 비교해 올라갔다고 인식한 반면, Z세대는 '개인의 앞날에 대한 전망' 항목에서 타 세대와 비교해 이전보다 걱정이 많은 것으로 나타났다. 정상적인 수업이 이루어지지 않으면서 발생하는 교육의 격차, 구직에 대한 불안 등이 어느 세대보다 미래에 대한 불안감을 높였음을 예측할 수 있다.

코로나19와 더불어 '다시 보기'의 대상으로 떠오른 세대는 단연 50~60대라고 할 수 있다. 외출 제한, 사회적 거리 두기 등으로 비대면이 중심이 되는 생활패턴은 온라인 채널을 급성장시켰는데, 온라인 채널의 급성장에서 5060 세대의 유입이 중요한 역할을 한 것으로 나타난다. 코로나19 사태가 길어지면서 사회적 거리 두기가 생활화되고, 시공간의 제약 없이 쇼핑할 수 있는 온라인쇼핑의 편리함에 빠진 5060 세대의 온라인 락인Lock-in(한 번 경험한 이후에는 동일한 행태가 지속됨) 현상이 코로나19 종료 이후에도 계속될 것으로 예측된다.

집에서 먹기, 집에서 마시기, 집에서 놀기

———

최근 몇 년간 배달 음식의 성장과 가정간편식HMR(Home Meal Replacement) 시장의 성장은 한국 사람들의 먹거리 패턴을 변화시키고 있

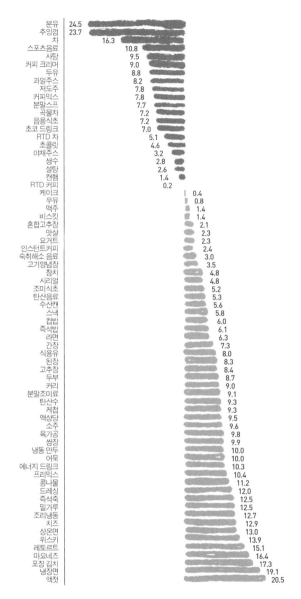

분유	24.5
추잉껌	23.7
차	16.3
스포츠음료	10.8
사탕	9.5
커피 크리머	9.0
두유	8.8
과일주스	8.2
저도주	7.8
커피믹스	7.8
분말스프	7.7
곡물차	7.2
음용식초	7.2
초코 드링크	7.0
RTD 차	5.1
초콜릿	4.6
야채주스	3.2
생수	2.8
설탕	2.6
캔햄	1.4
RTD 커피	0.2
케이크	0.4
우유	0.8
맥주	1.4
비스킷	1.4
혼합고추장	2.1
맛살	2.3
요거트	2.3
인스턴트커피	2.4
숙취해소 음료	3.0
고기양념장	3.5
참치	4.8
시리얼	4.8
조미식초	5.2
탄산음료	5.3
수산캔	5.6
스낵	5.8
컵밥	6.0
즉석밥	6.1
라면	6.3
간장	7.3
식용유	8.0
된장	8.3
고추장	8.4
두부	8.7
커리	9.0
분말조미료	9.1
탄산수	9.3
케첩	9.3
액상당	9.5
소주	9.6
육가공	9.8
쌈장	9.9
냉동 만두	10.0
어묵	10.0
에너지 드링크	10.3
프리믹스	10.4
콩나물	11.2
드레싱	12.0
즉석죽	12.5
밀가루	12.5
조리냉동	12.7
치즈	12.9
상온면	13.0
위스키	13.9
레토르트	15.1
마요네즈	16.4
포장 김치	17.3
냉장면	19.1
액젓	20.5

자료 3 2020년 상반기 전체 식품군 판매 데이터(2020. 10., 닐슨 리테일인덱스)

었다. 여기에 더해 외식을 자유롭게 할 수 없는 코로나19 상황은 이 현상을 가속화시키고 있다. '돌발돌밥'(돌아서면 밥 차리고, 돌아서면 밥 차리고)이라는 신조어가 생겨날 정도로 1인 가구든 다인 가구든 종일 집에 머물며 삼시세끼를 해결하는 빈도가 늘어나면서 식품군(포장된 완제품), 식재료군(요리할 수 있는 소재)이 전체적으로 성장세를 나타내고 있다. 특히 냉동 만두, 냉장면, 어묵, 포장 김치 같은 식품군은 10퍼센트 이상 두 자릿수 성장을 보여 주며 집밥의 일상화를 이루었다. 2019년까지 마이너스성장을 보이던 식품군 시장이 3퍼센트나 성장하면서 성장으로 돌아선 것은 분명 코로나가 가져온 변화일 것이다.

집에서 해결해야 하는 것은 식사뿐이 아니다. 따라서 커피, 술 등 기호식품군도 동반성장했다. 집 안에서 커피전문점 수준의 커피를 즐기고자 하는 적극적인 소비가 함께 나타나 캡슐커피 시장이 전년 동기 대비 6퍼센트의 성장률을 보이며 '내식'에서 '홈 카페'까지 이어지는 식음료 소비 패턴이 만들어졌다. 또 맥주, 소주 등 가정 내 주류 소비도 동반 상승하는 패턴을 보이며 식음료 소비 패턴에서는 확실히 '홈코노미' 현상이 강화됐음을 알 수 있다.

코로나 발생 초기 두 달간은 이른바 패닉 바잉Panic Buying(공황 구매)과 비축을 목적으로 하는 쇼핑 때문에 내식과 커피 등과 관련한 일부 품목이 30퍼센트를 웃돌 만큼 높은 성장세를 보였다. 사태가 장기화됨에 따라 안정적인 성장세로 돌아섰으나 생활패턴의 변화

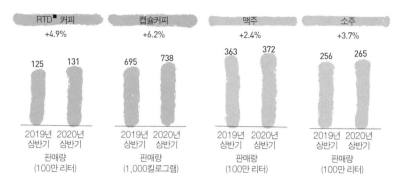

RTD▪ 커피	캡슐커피	맥주	소주
+4.9%	+6.2%	+2.4%	+3.7%

	RTD▪ 커피		캡슐커피		맥주		소주
125	131	695	738	363	372	256	265

2019년 상반기	2020년 상반기	2019년 상반기	2020년 상반기	2019년 상반기	2020년 상반기	2019년 상반기	2020년 상반기
판매량 (100만 리터)		판매량 (1,000킬로그램)		판매량 (100만 리터)		판매량 (100만 리터)	

자료 4 **2020년 상반기 전체 커피·맥주·소주의 소비 변화**(2020. 3., 닐슨 리테일인덱스)

로 전년과 비교해 많은 품목에서 성장세를 유지하고 있다.

사람들이 집에 머무는 시간이 늘어나면서 가정에서 TV를 시청하는 시간도 늘어났다. 국내에서 처음 확진 환자가 발생한 2020년 1월 20일부터 9월 3주 차까지 전년 동기 대비 TV 시청률(개인 시청률의 합산) 변화를 분석한 결과, 코로나19 확진 환자의 증가세가 TV 시청 시간 상승으로 이어졌음을 알 수 있다. 코로나19 위기경보 격상 시점인 2월 4주 차에는, 특히 개인 시청 시간이 10.6퍼센트로 증가했다. 주말 시청률은 2월 3주 차부터 상승세를 보였으나, 사태가 장기화되고 주말 활동이 일부 재개되면서 3월 1주 차부터는 낮 시간대 시청률이 다소 감소하는 패턴을 보여 준다. 어느 정도 감염자 수가 줄어들고 바깥 활동이 정상화되고 있다고 느껴졌던 5월 말

▪ Ready To Drink의 약자로 바로 마실 수 있도록 포장된 음료를 말한다. 캔커피, 빨대를 꽂아 마시는 커피, 페트병에 들어 있는 커피 등이 대표적 RTD 커피다.

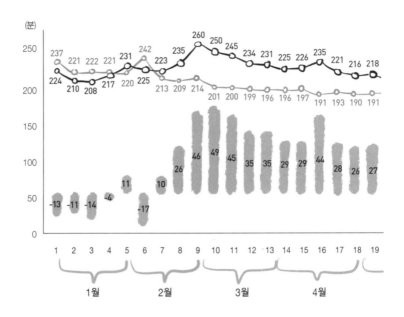

자료 5 **2019년과 2020년의 개인 총 시청 시간 변화**
2020년 9월 3주 기준으로 전국, 모든 플랫폼, 개인 전체 시청률을 대상으로 했다. (닐슨미디어 코리아)

부터 8월 초까지는 2019년과 유사한 수준으로까지 개인 시청률이 떨어졌다. 그러다가 8월 15일 이후 고강도 사회적 거리 두기가 다시 시행되면서 개인의 TV 시청 시간도 다시 반등하는 모습이 나타났다.

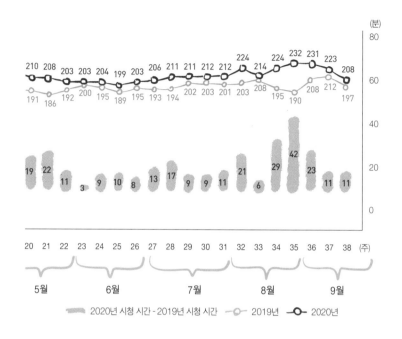

(분)

2020년 시청 시간 - 2019년 시청 시간 ━○━ 2019년 ━⬤━ 2020년

코로나19 시대의 소비,
단순 방어를 넘어 적극적인 관리로

———

사회적 거리 두기, 손 씻기, 마스크 착용 등은 더 이상 선택이 아닌
필수가 되었다. 특히 공공장소에서의 마스크 착용이 의무화되면서
장시간 마스크를 착용해야 하므로 구강 내 청결, 입냄새 관리와 관
련된 품목들도 꾸준한 상승세를 보인다. 2020년 코로나 발생 초기
8주 동안 스프레이, 가글형 구강청결제 판매량은 온라인 판매량을

2019년 2~3월과 2020년 2~3월		2019년 상반기와 2020년 상반기	
온라인	오프라인	온라인	오프라인
▲35.2%	▲4.9%	▲11.3%	▲0.4%

자료 6 구강청정제 시장 성장률
(닐슨 리테일인덱스)

기준으로 할 때 2019년 2~3월 동기 대비 35퍼센트 성장해 비축 목
적과 더불어 높은 성장세를 보였다. 상반기 전체를 놓고 봤을 때 초
기 8주만큼 높은 성장률을 보이지는 않지만, 전년 동기 대비 성장률
은 여전히 11퍼센트라는 높은 수치를 보여 주고 있다.

코로나19 이후는?

현재진행형인 코로나19 상황의 소비 패턴은 완전히 새로운 형태가
출현했다기보다 최근 몇 년간 나타나고 있는 가구 소형화에 따른
결과로 봐야 한다. 코로나19를 겪으면서 '편의식 성장' '온라인 채널
성장세' '재택' 등에 가속기를 단 것이다. 다시 말해 방향이 바뀌었
다기보다 '뉴노멀 라이프스타일'로 향하는 속도가 빨라졌다고 볼

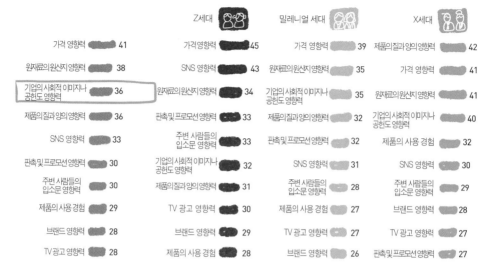

	Z세대	밀레니얼 세대	X세대
가격 영향력 41	가격 영향력 45	가격 영향력 39	제품의 질과 양의 영향력 42
원재료의 원산지 영향력 38	SNS 영향력 43	원재료의 원산지 영향력 35	가격 영향력 41
기업의 사회적 이미지나 공헌도 영향력 36	원재료의 원산지 영향력 34	기업의 사회적 이미지나 공헌도 영향력 35	원재료의 원산지 영향력 41
제품의 질과 양의 영향력 36	판촉 및 프로모션 영향력 33	제품의 질과 양의 영향력 32	기업의 사회적 이미지나 공헌도 영향력 40
SNS 영향력 33	주변 사람들의 입소문 영향력 33	판촉 및 프로모션 영향력 32	제품의 사용 경험 32
판촉 및 프로모션 영향력 30	기업의 사회적 이미지나 공헌도 영향력 32	SNS 영향력 31	SNS 영향력 30
주변 사람들의 입소문 영향력 30	제품의 질과 양의 영향력 31	주변 사람들의 입소문 영향력 28	주변 사람들의 입소문 영향력 29
제품의 사용 경험 29	TV 광고 영향력 30	제품의 사용 경험 27	브랜드 영향력 28
브랜드 영향력 28	브랜드 영향력 29	TV 광고 영향력 27	TV 광고 영향력 27
TV 광고 영향력 28	제품의 사용 경험 28	브랜드 영향력 26	판촉 및 프로모션 영향력 27

자료 7 세대별 공동체 가치 기반 소비 중요도
기업의 사회적 이미지나 공헌도 영향력에 대한 인식이 공동체 가치로 해석된다.
(2020. 6., 표본수 1,000명, 〈닐슨 뉴노멀 보고서〉)

수 있다.

　뉴노멀이 가져다준 특별한 의미는 그 어느 때보다도 지구공동체 가치에 대한 소비자들의 인식이 높아졌다는 것이다. 지금 인터넷 쇼핑몰, 배달 앱 등에서의 주문이 늘어나면서 집집마다 쓰레기와의 전쟁이 벌어지고 있다. 배달 상품을 받을 때마다 포장재 쓰레기가 제품보다 더 많이 쌓이면서 소비자들은 제품과 구매처를 선택할 때 쓰레기를 적게 배출하거나 재생지 박스 사용 등 친환경적인 배달 서비스를 제공하는지 여부를 매우 중요한 기준으로 고려하기 시작했다. 이러한 소비자의 기대에 부응하기 위한 노력이 더 많이 나타날 것으로 예상된다. 소비자들의 선택을 받기 위한 기업의 노력 가운데 '공동체적 가치'나 '사회적 공헌'의 중요도가 높아진다는 점은 반가운 일이라고 할 수 있다. 코로나와 함께 기나긴 일상을 보내고, 이에 적응하고 이겨내는 과정에서 생겨난 공동체적 가치에 대한 인식이 뉴노멀 시대에 더 강화되기를 희망한다.

2장

시간에 쫓기는 한국인

강경란

━━━

2015년부터 2018년까지 싱가포르 소재 닐슨아시아태평양지역 쇼퍼 인사이트Shopper Insight 그룹 리더로, 2019년에는 해외진출 서비스 컨설팅 그룹 리더로 활동했다. 2021년 현재 닐슨컴퍼니코리아 소비재/유통 서비스 사업부 부장이자 상무이다.

시간에 쫓기는 한국인

고단한 한국인, 커지는 편리성에 대한 욕구

  우리는 모두 바쁘고 피곤하게 살아간다. 어른 아이 할 것 없이 저마다 할 일은 많고 시간은 늘 부족하기에 우리는 스스로 타임푸어Time Poor라고 느끼며 시간에 쫓겨 살아가는 데 꽤나 익숙하다. 옥스퍼드 사전에 등재된 한국어 단어이자 한국에 일하러 온 외국인 노동자는 물론 관광객조차 가장 먼저 배우는 말이 '빨리빨리ppalli-ppalli'라고 할 만큼 우리는 늘 뭔가를 '빨리' '열심히' 해야 한다는 심리적 압박을 안고 살아간다.

  이러한 한국인의 성향에 더해 늘 연결되어 있는 초고속 인터넷망이 구축한 디지털 라이프는 깨어 있는 동안 언제든 즉각 반응할 수 있는 플랫폼에 항시 머물게 한다. 때문에 우리의 일상생활은 크고 작은 긴장의 연속이라고 할 수 있다.

  시간은 없고 바쁘게 움직여야 하는 현대인들은 일상생활을 보다

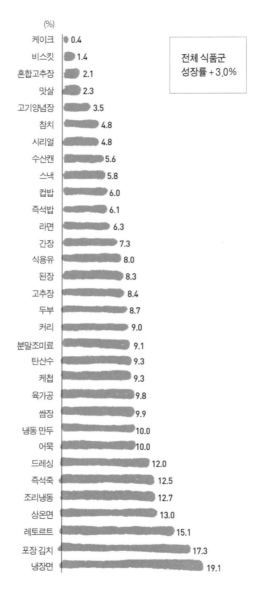

(%)

케이크	0.4
비스킷	1.4
혼합고추장	2.1
맛살	2.3
고기양념장	3.5
참치	4.8
시리얼	4.8
수산캔	5.6
스낵	5.8
컵밥	6.0
즉석밥	6.1
라면	6.3
간장	7.3
식용유	8.0
된장	8.3
고추장	8.4
두부	8.7
커리	9.0
분말조미료	9.1
탄산수	9.3
케첩	9.3
육가공	9.8
쌈장	9.9
냉동 만두	10.0
어묵	10.0
드레싱	12.0
즉석죽	12.5
조리냉동	12.7
상온면	13.0
레토르트	15.1
포장 김치	17.3
냉장면	19.1

전체 식품군
성장률 +3.0%

자료 8 2019년 상반기 대비 2020년 상반기 식품 카테고리 중 편의식 판매 성장률

편리하게 해 주는 제품과 서비스를 선호한다. 이런 현상은 특히 최근 몇 년간 먹거리를 중심으로 한 상품이 큰 성장률을 보이는 데서 발견할 수 있다. 레토르트식품이라고도 하는 '가정간편식' 시장과 스마트폰 앱으로 주문과 결제를 쉽게 할 수 있는 '배달 음식' 시장의 급성장이 대표적인 예라고 할 수 있다.

더욱 커진 HMR 시장

가정간편식 시장은 업계에서 HMR이라는 용어로 통용되는데, 바로 또는 간단히 섭취할 수 있도록 판매되는 완전 혹은 반조리 형태의 가정식 제품을 말한다. 2019년 〈가공식품 세분시장 현황 보고서〉(농림축산식품부, 한국농수산물유통공사)에 따르면, 가정간편식의 국내 매출액은 2013년 1조 6,058억 원에서 2017년 2조 7,421억 원으로 최근 5년간 70.8퍼센트라는 높은 성장세를 보였다. 높은 성장률 이후로 증가세가 다소 완화되었음에도 2022년에는 시장규모 5조 원을 웃돌 것으로 전망된다.

세부 품목별로 살펴보자. 2020년 상반기 닐슨 리테일인덱스▪에 따르면 가정간편식의 성장률은, 특히 즉석밥, 레토르트식품, 즉석죽 시장에서 두 자릿수 이상 지속되고 있다. 2019년과 2020년 식품 판매액을 비교한 자료 8에 따르면, 2020년 식품 카테고리가 전년 대비 평균 3퍼센트 이상 성장률을 보인 가운데 즉석죽, 냉동식품, 포장 김치 등의 간편식은 평균 10퍼센트 이상의 높은 성장률을 나타냈다. 물론 코로나로 인해 집밥 수요가 늘어나면서 성장률이 올라간 것도 사실이지만, 편의식 중심의 성장은 최근 몇 년간 지속되었던 트렌드였고, 코로나로 인해 그 속도가 가속화되었다. 따라서 한국인들의 간편식 소비는 앞으로도 계속될 것이다.

전 세계적인 트렌드, 배달

———

배달 앱 시장의 성장 역시 편의성을 추구하는 현상을 잘 반영하고 있다. 국내 배달 앱 시장은 서비스가 시작된 이래 매년 폭발적인 성장률을 보이고 있다. 2019년 국내 1위 배달 앱 기업인 배달의민족이 독일계 기업인 딜리버리히어로로부터의 인수합병 위기에 놓였을 때 배달 서비스가 사람들의 일상생활에 깊이 들어와 영향을 끼치는 만큼 많은 사람의 관심이 쏠렸다. 2020년 8월 기준으로 배달의

■ 전국의 각 유통 채널별 주요 이커머스Electronic Commerce(전자상거래) 유통점(오픈마켓, 소셜커머스, 종합몰, 할인점, 온라인몰 등)에서 판매 시점 데이터를 수집·분석해 오프라인 판매 데이터와 결합하여 정보를 생산한다. 카테고리별 구매 행동과 구매 태도를 측정하고, AI 기반의 온라인 매장 측정 솔루션을 통해 매출 증대를 위한 최적화된 키워드와 디스플레이 환경, 가격 판촉 전략을 수집하고 지원한다. 국내 디지털 소비자 패널을 기반으로 소비자들이 얼마나, 자주, 어디에서, 무엇을, 어떻게 구입하는지 측정한다.

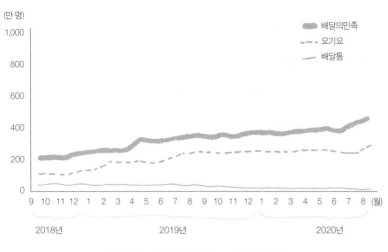

자료 9 국내 주요 배달앱 모바일 트래픽 순이용자 수
(2018. 9.~2020. 8., 모바일앱&웹 포함, 닐슨코리안클릭)

민족 방문자 수는 900만 명 이상, 동종 업계의 요기요 방문자 역시 500만 명을 웃돌 만큼 코로나19와 더불어 배달 앱 이용은 생활에 필수 요소로 자리 잡았다.

　배달 앱 시장의 성장은 한국뿐 아니라 전 세계적인 트렌드이기도 하다. 배송 시스템의 발달로 무엇이든 빠르게 배달이 가능해졌기 때문이다. 베트남에서는 저렴한 배송비를 내세워 '차 한 잔'도 가져다주는 배달 문화가 자리 잡았으며, 인구 2억 7,000만 명의 거대한 시장인 인도네시아에서는 오토바이택시 연결 회사로 출발한 고젝Go-Jek이 싱가포르, 베트남, 태국 등 주변 동남아시아 국가로 진출하여 글로벌기업으로 성장하고 있다.

편리함을 찾는 사회현상

편리함에 대한 욕구는 도시화, 라이프스타일의 변화, 가구 구성원의 감소, 가구 크기의 소형화 등 피할 수 없는 인구사회적 변화에서 비롯되었다. 따라서 편리함을 충족시켜 주는 서비스는 우리 생활 전반에 깊숙하게 들어와 있다. 한국을 포함한 전 세계가 겪고 있는 추세라고 할 수 있다.

코로나로 많은 산업이 존폐 위기를 겪고 있지만, 배달 앱 업계에는 더없는 성장의 기회가 열려 있다. 2020년 7월 닐슨 글로벌 스터디▪가 발행한 〈닐슨 뉴노멀 리포트〉에 따르면, 유럽·미주·오세아

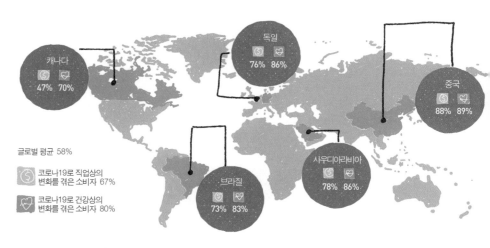

자료 10 글로벌 5개국 소비자의 지난 일주일 내 카페/레스토랑 음식 주문 경험률
(2020. 7., 32개국 15~54세 남녀 대상으로 조사, 국가별 표본 수 500~1,000명.
닐슨 뉴쇼퍼 노멀 연구(www.nielseniq.com))

니아·아시아·아프리카·중동 지역의 32개국에서 15세에서 54세 사이의 사람들을 대상으로 조사한 결과, 2020년 7월 기준 음식 배달 서비스가 가능한 도시에 거주하는 소비자의 평균 58퍼센트 이상이 최근 일주일 사이에 음식 배달 서비스를 이용했고, 중국의 경우 90퍼센트에 가까운 소비자가 이용했다고 한다. 이처럼 배달 앱은 기존의 편리함을 추구하던 소비자뿐 아니라 코로나19가 불러온 비대면 시대의 소비자를 사로잡으며 새로운 업계 강자로 자리 잡았다.

삶의 질과 워라밸

가정간편식과 음식 배달 앱의 성장은 한국인에게 삶의 질을 좀 더 높이기 위해 시간을 어떻게 활용하는 게 좋을지 질문을 던진다.

앞서 2018년 문화체육관광부에서 발간한 〈삶의 질 여론조사 보고서〉에서 주 52시간 근무제 도입과 더불어 시간 여유가 생긴다면 무엇을 위해 쓰겠는지를 물었다. 그러자 '자기계발, 취미, 스포츠 등을 위해' 쓰겠다는 대답이 38.9퍼센트로 가장 높았고, 그다음으로

■ 포털사이트·전자상거래·광고대행사 등 미디어산업 전문가 그룹의 차별화된 컨설팅 서비스를 제공한다. 1만 2,000명의 PC 이용자 및 7,000명의 모바일 이용자 패널을 통해 인터넷과 모바일 이용자의 실시간 이용 행태를 측정하며, 측정 영역은 웹·메신저·게임·동영상·앱 임베디드App-embedded 웹·모바일 등이다.

'개인의 휴식을 위해'가 24.4퍼센트, '가족을 위해'가 23.2퍼센트였다.

실제로도 삶의 질을 높이기 위한 자기계발의 형태가 다양하게 나타나고 있다. 특히 코로나와 더불어서 건강과 자기계발이라는 니즈가 맞물려 홈트레이닝 시장의 성장이 눈에 띈다. 일상에서 언제 어디서나 자투리 시간을 활용해 다양한 관심사를 직간접적으로 체험하고, 이를 통해 삶을 풍요롭게 하고자 하는 사람들의 노력을 엿볼 수 있다.

이처럼 2020년 전 세계를 강타한 코로나19로 인해 우리는 워라밸의 가치를 다시 한 번 생각하게 되었다. 재택근무가 보편화되면서 출퇴근 시간이 단축되고, 사회 활동이 제약을 받으면서 집에서 할 수 있는 활동의 중요성이 높아지고 있으며, 앞으로도 더욱 높아질 것으로 보인다.

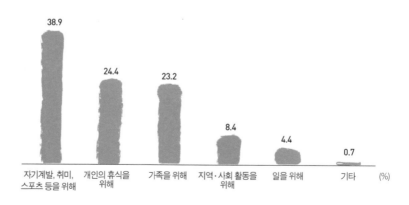

자료 11 **향후 시간을 더 쓰고 싶은 분야**
(2018. 5., 삶의 질 여론조사 보고서, 문화체육관광부)

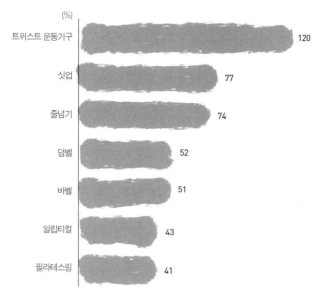

(%)

트위스트 운동기구	120
싯업	77
줄넘기	74
덤벨	52
바벨	51
일립티컬	43
필라테스링	41

자료 12 **홈트레이닝 용품 판매 증가율**
2020년 1월 대비 판매량이 전체적으로 증가했다.
(2020. 8. 3., 매일경제, 지마켓)

가장 큰 제약, 여행

코로나19가 있기 전, 한국인의 삶의 질 향상 욕구를 잘 드러내는 것
이 해외여행의 증가였다. 한국관광공사에 따르면 2019년 3,000만
명(출국자 중복 포함)에 가까운 한국인이 해외에 나간 것으로 집계된
다. 여행은 일상을 벗어나 일부러 새로운 공간, 낯선 문화에 스스로
를 던지는 행위이다. 다양하고 새로운 것을 경험하며 긴장을 낮추
고 에너지를 충전할 수 있다.

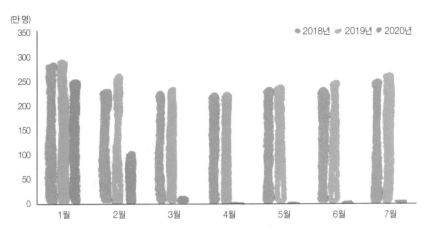

(만 명)

● 2018년 ● 2019년 ● 2020년

자료 13 2018년 1월부터 2020년 7월까지 3년간 월별 출국자 증감
(내국인 출입국 자료, 한국관광공사)

그런데 코로나19가 한국인의 여행 패턴을 변화시켰다. '힐링'과 '워라밸'의 대명사였던 해외여행이 불가능해지면서 그 반사효과로 캠핑카에서 숙박을 즐기는 '차박족'을 비롯해 캠핑족이 늘어나고 캠핑카 판매도 증가했다. 또 제주도 등 국내로의 여행도 늘고 있다. 언제라도 상황이 좋아지면 해외여행이 다시 늘어나겠지만 당분간 한국인은 국내 여행으로 여행 욕구를 해소할 것으로 보인다.

2020년대를 살아가는 우리

우리의 바쁜 삶은 편리함을 지향하게 하고, 지금 이 순간의 행복과 개인적 삶을 중시하는 라이프스타일은 자기만족적 소비에 기꺼이 투자하도록 한다. 이는 일시적인 현상이 아니라 삶의 질에서 만족감을 높이기 위한 선택들은 지속될 전망이다. 앞으로도 워라밸은 중요할 것이며 새로운 라이프스타일은 사회 트렌드를 이끌며 다양하게 변화할 것이다.

한편 워라밸은 세대별로 다분히 상대적인 가치로 여겨진다. 1980년대부터 2010년대에 걸쳐 태어난 밀레니얼 세대와 Z세대는 앞 세대의 '일에 몰두했던 삶'이 과연 그럴 만한 가치가 있었는지 의구심을 품고 있다. 기존의 생활방식에 회의적이며, 자연스럽게 '스마트'한 가치로 자리 잡은 워라밸을 지키려고 한다. 이들보다 앞서 1960년대 후반에 태어난 X세대는 밀레니얼 세대나 Z세대와 달리 워라밸을 자연스럽게 받아들이기보다는 자의든 타의든 시대의 흐름에 따라 의식적으로 워라밸을 지키려고 노력하는 면이 있다.

이렇듯 차이가 있기는 해도 누구라 할 것 없이 삶의 질을 높이기 위한 노력은 전 세대에 걸쳐 일어나고 있다. 물론 배달 앱도, 홈트를 비롯한 새로운 자기계발 서비스도 디지털 리터러시Digital Literacy(정보 이해 및 활용 능력)가 높은 젊은 X, Y, Z 세대를 타깃으로 하고 있기에 모든 세대가 충분히 즐기지 못한다는 한계는 있다. 또 해외 여행객이 증가하고 있기는 하지만 기존에 여행을 즐기던 사람들이 더 많이 더 자주 가는 패턴으로 해외여행 경험의 양극화가 뚜렷한 것도 사실이다.

피로가 일상이 된 사회에서 코로나19 위기까지, 우리는 이전에 경험하지 못했던 외부 변수로 그 어느 때보다 도전적이고 전투적인 하루하루를 보내고 있다. IMF 구제 금융 시기를 단시간에 극복하고 다시 성장해 온 것처럼, 어려운 순간마다 가능한 한 최선의 대안을 찾아 현명한 선택을 해 온 우리 모두의 가능성에 응원을 보낸다.

3장

코로나19가 바꾼 한국인의 외식

이주량
_{〰️〰️〰️}

LG그룹과 현대경제연구원 신산업전략실장을 거쳐
과학기술정책연구원 전략기획경영본부장, 포스텍 데
이터사이언스포럼 기획위원으로 활동 중이다. 저서
^(공저)로 《사례로 보는 E-비즈니스》 《세상을 지배하는
알고리즘》이 있다.

코로나19가 바꾼 한국인의 외식

코로나19 사태를 겪으면서 비대면 Untact(언택트) 생활이 자연스러워졌다. 이미 모바일을 통해 활발히 이루어졌던 상품과 서비스의 비대면 거래를 중심으로 비대면 의료 서비스, 재택근무, 원격 교육, 배달 등 디지털 기반의 언택트 생활이 우리 사회 전반에 퍼지고 있다.

한편 비대면 활동의 확산은 대면 업종에는 양날의 칼이 되었다. 준비된 자와 그렇지 못한 자에 따라서 기회와 위기로 갈렸다. 대표적인 대면 업종인 외식산업 역시 언택트 확산의 직접적인 영향을 받아 발 빠르게 움직이고 있다. 이미 공급자인 외식업체부터 수요자인 소비자까지 배달외식의 주문과 배송은 언택트 공간으로 대부분 옮겨 갔고 배달 플랫폼 사업자의 기업 가치는 5조 원까지 치솟았다. 사회적으로도 배달 수수료 인상과 배달 노동자인 라이더의 안전, 악성 리뷰 이슈는 매우 민감한 주제가 되었다. 국민 생활의 바로미터 중 하나인 외식 트렌드는 지금 어떤 변화를 겪고 있을까? 데이터의 움직임을 따라 살펴보자.

코로나19가 가져온 외식 트렌드 변화

외식은 음식점에서의 구매 형태에 따라 방문외식, 배달외식, 포장외식으로 구분된다. 음식점이 아닌 슈퍼마켓에서 구매하는 가정간편식인 HMR은 가정에서의 취사 과정이 필요하기에 외식이 아닌 내식에 포함된다. 이에 비해 구내식당 식사와 커피 등 카페 음료류는 소비자의 노동력이 개입되지 않기 때문에 외식으로 분류된다.

　최근 5년간 한국인의 외식 빈도는 지속적으로 감소했다. 외식 빈도는 2016년 월평균 15.0회에서 2017년 14.8회, 2018년 13.9회, 2019년 12.9회로 5년 연속 줄었다. 코로나19가 강타한 2020년에는 재택근무 증가와 사회적 거리 두기 시행으로 방문외식 빈도가

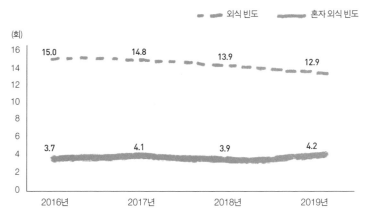

자료 14 2016년에서 2019년 사이 연도별 외식과 혼자 외식 빈도 비교
(2019, 〈국내외식 트렌드 조사 보고서〉, 농림축산식품부, 한국농수산식품유통공사)

바닥세를 치면서 방문외식업은 한계에 내몰렸다. 방문외식업의 어려움은 코로나19가 지속되는 한 당분간 회복되기 어려울 것으로 보인다.

외식업의 매출 감소는 학교급식 중단에 따른 식재료 소비 감소와 맞물려 국내 농산물 생산자의 소득에도 연쇄적으로 부정적인 영향을 끼쳤다. 농림축산식품부의 조사에 따르면 2020년 2월부터 8월까지 국산 식재료 사용량 감소액은 약 5조 원에 이른다.

업계에서는 외식 빈도가 감소하는 이유로 HMR이 다양해지고, 신선가정식 배달이 빠르고 편리해진 것을 가장 큰 원인으로 꼽는다. 국내 HMR 시장은 최근 5년간 연평균 30퍼센트 이상씩 폭발적

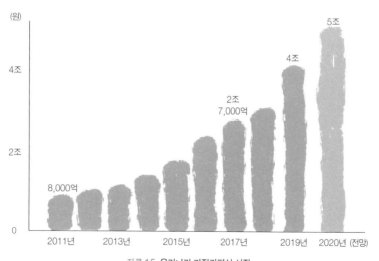

자료 15 **우리나라 가정간편식 시장**
(2020. 5. 20.. 한국농식품유통공사, CJ제일제당, 중앙일보)

으로 성장해 올해 시장규모가 7조 원을 넘어설 전망이다. 여기에 더해 눈길을 끄는 것이 새벽배송이다. 관련 업계에 따르면 새벽배송 시장규모는 2015년 이후 2020년까지 150배 성장한 1조 5,000억 원을 넘어선 것으로 추산한다.

과일, 채소, 고기, 생선 등 직접 눈으로 보고 구매했던 신선식품에 대해 새벽배송을 선호하는 소비자들이 많아지면서 우리나라 새벽배송 인프라는 점점 더 촘촘해지고 있다. 기존의 유통회사들은 새벽배송을 위한 첨단 물류센터를 확충하고 자체 개발한 물류 소프트웨어와 인공지능을 활용한 상품 관리 및 작업자 동선 최적화

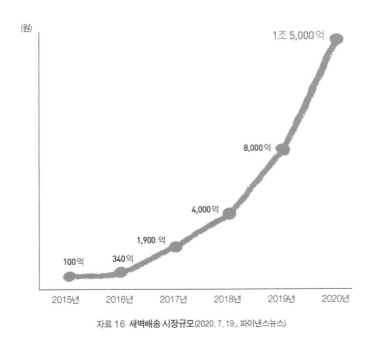

(원)

1조 5,000억

8,000억

4,000억

1,900 억

100억 340억

2015년　2016년　2017년　2018년　2019년　2020년

자료 16 **새벽배송 시장규모**(2020. 7. 19., 파이낸스뉴스)

시스템, 친환경 포장 설비와 첨단 물류장비 도입 등을 경쟁적으로 확대하고 있다. 신선식품 물류 시스템의 첨단화와 가성비 높은 가정간편식의 다양화, 그리고 1, 2인 가구 증가가 맞물리면서 새벽배송을 통한 가정간편식이 외식의 자리를 대체하는 현상은 한동안 지속될 전망이다.

농림축산식품부와 한국농수산식품유통공사의 〈2019 국내외식 트렌드 조사 보고서〉에 따르면 방문외식은 감소하지만 배달외식은 증가하는 추세다. 배달외식은 코로나 이전에도 매년 약 10퍼센트씩 증가했는데, 코로나19가 확산된 2020년에는 배달외식이 작년 대비 80퍼센트 이상 급격히 증가한 것으로 추산된다.

배달 공화국이라는 말이 나올 정도로 배달 앱과 배달 대행업이 발달하면서 배달음식의 선택 폭이 넓어졌고, 매장 내 식사보다 편리한 배달 식사를 선호하는 사회적 분위기도 확산 중이다. 반면 배달외식이 증가하면서 소비자의 편의성은 높아졌지만 배달 노동자의 고충이나 소상공인이 불리해지는 구조, 업체 간 과다 경쟁 등 사회문제는 더욱 커지고 있다. 대형 플랫폼 사업자로부터 영세 외식업자를 보호하고 전통 맛집을 보전하는 등의 대책으로 우리 외식문화의 다양성 확보를 위한 노력이 필요하다.

코로나19는 온라인 거래액에서 음식 서비스 거래액의 비중을 크게 늘렸다. 통계청의 〈2020년 4월 온라인쇼핑 동향〉에 따르면, 온라인쇼핑 시장규모는 2020년 2월 12조 원에서 2020년 7월 13조 원

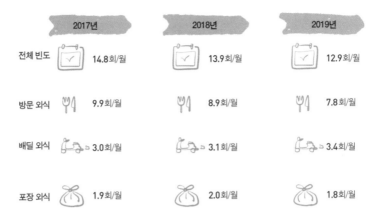

	2017년	2018년	2019년
전체 빈도	14.8회/월	13.9회/월	12.9회/월
방문 외식	9.9회/월	8.9회/월	7.8회/월
배달 외식	3.0회/월	3.1회/월	3.4회/월
포장 외식	1.9회/월	2.0회/월	1.8회/월

자료 17 2017년부터 2019년 사이 외식 빈도 변화
(〈2019 국내외식 트렌드 조사 보고서〉, 농림축산식품부, 한국농수산식품유통공사)

으로 6개월 사이 1조 원 증가했다. 이 중에서 배달음식·신선식품·간편조리식 등 음식 서비스 거래액 증가가 5,755억 원으로 전년 대비 83퍼센트나 높아졌다. 소비자들이 배달외식과 더불어 음식료품, 농축수산물 등 집 안에서 직접 소비할 수 있는 식품의 온라인 주문을 늘렸다는 것인데, 이로써 전체 월평균 온라인 거래액 13조 원에서 음식 서비스 거래액이 차지하는 비중도 10퍼센트를 넘어섰다.

농림축산식품부와 한국농수산식품유통공사의 〈2019 국내외식 트렌드 조사 보고서〉에 따르면, 외식에서 가장 인기 있는 메뉴는 단연 한식이었다. 2019년 기준 한식 선호도는 57.7퍼센트로, 2위 패스트푸드(7.5퍼센트)와 3위 구내식당(6.7퍼센트)을 압도했다. 한식 중에서는 김치찌개와 백반, 삼겹살, 된장찌개, 순대국밥이 5위 안에 든 인기 메뉴였다. 주목할 점은 한식의 인기가 계속됨에도 일인당 쌀 소비량은 지속적으로 감소한다는 것이다. 이는 외식으로 쌀을 소비하는 양 이상으로 가정 내 쌀 소비량이 감소했다는 의미인데, 핵가족화로 가정 내 한식 조리 기피와 빵과 라면 등 밀가루를 주재료로 하는 간이식 선호의 결과로 보인다.

우리 국민 일인당 연간 쌀 소비량은 1988년 122킬로그램에서 2019년 59킬로그램으로 30년 사이에 반토막이 났다. 우리 농업의 핵심 작물인 쌀 소비량을 늘이기 위해서는 조리법이 복잡하고 시간과 노력이 많이 드는 한식 조리 과정의 단순화와 편리성을 위해 연구해야 하며, 국내 농산물을 활용한 HMR 개발과 쌀빵, 쌀과자,

자료 18 2020년 4월 온라인쇼핑 품목별 증감 현황
(〈2020년 4월 온라인쇼핑 동향〉, 통계청)

	2017년			2018년			2019년	
1위	김치찌개	6,748원	1위	김치찌개	7,216원	1위	김치찌개	7,828원
2위	백반	6,383원	2위	백반	6,280원	2위	백반	9,117원
3위	된장찌개/국	6,109원	3위	삼겹살류	15,218원	3위	햄버거	5,887원
4위	삼겹살류	17,124원	4위	된장찌개/국	6,275원	4위	삼겹살류	21,741원
5위	비빔밥	6,590원	5위	순대국밥	7,090원	5위	커피	4,444원

자료 19 방문외식 인기 메뉴와 가격 변화

(〈2019 국내외식 트렌드 조사 보고서〉, 농림축산식품부, 한국농수산식품유통공사)

쌀국수 등 쌀가루를 원료로 하는 가공식품 개발에 힘쓰고 홍보해
야 한다.

1인 가구 증가의 영향으로 매장 내 음식이나 배달음식을 나 홀로
먹는 '혼식'도 늘고 있다. 혼식은 2016년 월평균 3.7회에서 2019년
에는 월평균 4.2회로 증가했다. 혼식이 늘어나면서 2019년에는 전
체 외식비 중 혼식비의 비중이 16.3퍼센트로 높아졌다. 아울러 지
난 5년간 혼식 1회당 지출 비용도 꾸준히 증가했다. 나를 위한 고
급화를 추구하는 과시형 소비인 프리미엄 소비가 자리 잡으며 혼
자 먹는 음식에서도 메뉴의 다양성이 나타나고 있다.

혼자 외식을 제일 많이 하는 사람은 누구일까? 20대 남성이 혼식
을 주로 하며 월평균 6.0회나 되었다. 20대의 전체 외식 중 혼식의

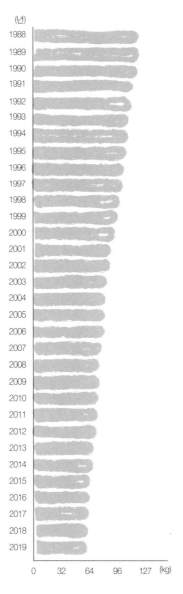

(년)
1988
1989
1990
1991
1992
1993
1994
1995
1996
1997
1998
1999
2000
2001
2002
2003
2004
2005
2006
2007
2008
2009
2010
2011
2012
2013
2014
2015
2016
2017
2018
2019

0 32 64 96 127 (kg)

자료 20 **국민 일인당 쌀 소비량**(〈양곡 소비량 조사〉, 통계청)

연령별	20대	30대	40대	50대	60대
빈도	6.0회/13.3회 (45.1%)	4.3회/13.8회 (31.1%)	3.9회/13.0회 (30.0%)	3.3회/12.5회 (26.4%)	3.1회/11.9회 (26.0%)

자료 21 **연령별 외식/혼자 외식 빈도 비교**
〈2019 국내외식 트렌드 조사 보고서〉, 농림축산식품부, 한국농수산식품유통공사)

비중은 2019년 45퍼센트대까지 높아졌으며 혼자 하는 식사가 어색했던 중장년 세대와는 확연히 다른 모습을 보인다. 주변의 시선보다 자신의 개성과 취향에 맞춰 자기 행복을 추구하는 세대의 특성과 서구화된 식문화 및 배달외식 편이성 증가 등이 복합적으로 어우러진 결과로 볼 수 있다. 집에서든 밖에서든, 이 시대 청년들에게 혼식은 자연스러운 식사 형태가 되었기 때문에 혼식의 비중은 시간이 지날수록 계속 높아질 것으로 보인다. 우리 주변에서는 혼자 식사하는 사람을 위한 1인 좌석과 1인 메뉴, 조용한 환경을 제공하는 서비스 등이 더욱더 다양해질 것으로 예상된다.

외식업계의 새로운 동향

———

코로나19를 계기로 식품 소비자들은 온라인 거래 경험을 축적하고, 공급자들은 관련 시스템을 확충하면서 음식 서비스의 온라인 거래를 확대시킬 전망이다. 오프라인 식품점들은 비대면 서비스를 확대하고 판매실적이 부진한 점포를 폐점하는 등 사업 구조 개편을 가속화하고 있으며 온라인 식품점들은 신선식품 관련 서비스를 확대하고 비대면 마케팅을 위한 온라인 플랫폼을 강화하고 있다. 이로써 대면 위주였던 음식 서비스와 식품 유통 전반에 대변화가 예상된다.

배달외식의 증가는 이밖에도 '공유주방'이라는 새로운 시스템을 탄생시켰다. 공유주방 시스템은 일반 개인이 아닌 음식 사업자들을 대상으로 조리를 위한 기기 일체를 임대해 준다. 공유주방에는 조리에 필요한 공간부터 도구까지 모든 게 갖춰져 있다. 공유주방에 입주한 사업자들은 인테리어 비용과 인건비를 줄이고 음식의 맛과 배달에 더 집중할 수 있다. 이에 포스트 코로나 시대를 대비해 비대면 트렌드에 맞춘 배달외식업을 준비하는 창업자와 기업가들이 공유주방에 주목하고 있다.

정부도 공유경제와 비대면 경제 활성화 차원에서 하나의 주방 공간을 여러 사업자가 함께 이용하는 공유주방을 2020년 5월부터 제도화했다. 한국은 인구 밀집도가 높고 배달음식이 활성화되어 있어 공유주방 운영을 위한 최적의 국가로 꼽힌다. 우버 설립자인 트레비스 캘러닉Travis Kalanick도 공유주방 사업에 진출하여 주방 공유 기업 클라우드키친을 설립해 사업을 펼치고 있다. 그는 2018년 5월 국내 공유주방 업체인 심플키친을 인수하고 서울 역삼동과 송파동 지역을 시작으로 서울과 수도권을 중심으로 지점을 확대하고 있다. 또 배달의민족 출신 인력들도 고스트키친을 설립하고, 40개 업체가 입점할 수 있는 공유주방을 서울 삼성동과 강남역 인근에 오픈해 운영 중이다.

이미 1인 가구의 증가와 배달문화의 빠른 확산 등으로 급격한 트렌드 변화가 시작된 외식업계에 코로나19는 더욱더 큰 변화를 촉진시켰다. 급변하는 환경 속에서 외식업계는 미래에 본격화될 새로운 외식 트렌드로 '그린오션' '나를 위한 소비Buy me-For me' '멀티스트리밍 소비' '편리미엄 외식'을 꼽는다.

	외식 트렌드 설명
그린오션	일반적으로 친환경 가치를 경쟁 요소로 하여 새로운 부가가치를 창출하는 시장을 의미한다. 외식업계에서도 일회용 플라스틱 근절과 같은 친환경운동부터 비건 레스토랑, 식물성 고기 등 친환경 외식시장이 각광받고 있다. 또 고령화 시대와 맞물려 친환경적인 식재료를 사용한 음식, 맞춤형 건강식 등이 부상하고 있다.
나를 위한 소비	개인의 가치나 개성이 다양화, 세분화되면서 자신의 취향이나 감성적인 욕구를 충족시켜 줄 수 있는 상품이나 서비스에 소비하는 경향을 말한다. 특히 주관적 만족과 취향을 중요시하는 밀레니얼 세대를 중심으로 '나를 위한 소비' 트렌드가 확산되고 있다.
멀티 스트리밍 소비	유튜브, 카카오, 페이스북, 인스타그램 등 다양한 채널을 통해 일상과 경험, 취향을 공유하는 문화가 점차 확산되면서 생겨난 외식 소비 형태다. 이를 통해 외식 소비 감성을 자극하고 유도하는 콘텐츠와 마케팅이 활발하게 이뤄지고 있다.
편리미엄 외식	편리함과 프리미엄이 함께 추구되는 현대사회의 소비 성향을 일컫는 말이다. 간편식의 고급화, 프리미엄 밀키트, 프리미엄 음식배달 서비스 등 편의성과 함께 소비자의 만족감을 충족시켜 줄 프리미엄 재료, 서비스 등이 확대되고 있다.

자료 22 **외식 4대 트렌드**
(《2020 식품외식산업 전망대회》, 농림축산식품부, 한국농수산식품유통공사)

그린오션은 일종의 친환경 지향성 시장으로 비건 레스토랑 확산, 식물성 고기 소비, 일회용 플라스틱 근절 등의 움직임으로 나타난다. 나를 위한 소비는 남의 시선이 아니라 개인의 취향과 감성에 따라 주관적 만족을 중요시하는 외식 형태로 밀레니얼 세대를 중심으로 더욱 확산될 조짐이다. 멀티 스트리밍 소비는 SNS와 먹방 등 방송 통신 콘텐츠와 마케팅이 결합되면서 생기는 새로운 외식 소비 성향이며, 편리미엄 외식은 간편식의 고급화, 프리미엄 밀키트, 프리미엄 음식 배달 등 초고급화된 외식 시장의 확대를 의미한다.

　외식은 우리의 일상생활과 사회생활이 만나는 교차점이다. 빠르게 변하는 사회만큼이나 외식 환경에도 변화의 물결이 거세다. 코로나19의 확산은 우리의 생활양식과 외식문화를 전혀 예상치 못했던 방향으로 흐르게 했다. 길거리는 물론 음식점에서도 사람들이 마스크를 쓰며 위생에 더 신경 쓰게 되었고, 모임 인원수도 적어졌다. 비대면 음식 배달이나 미리 주문하고 찾아가는 방식이 일상화되었다. 이로 인해 일회용품 사용량이 70퍼센트나 급증해 새로운 환경문제로 떠올랐고, 편리성을 강조한 친환경 포장 용기 개발도 절실해졌다. 외식에 대한 인식과 제도의 변화가 계속될수록, 먼 훗날 2020년대 우리의 외식이 어떤 모습으로 기억될지 궁금해진다.

4장

효용보다 가치,
구매를 결정하는 새로운 패러다임

이서경

서울대학교 사회학과, 동대학원 석사 졸업 후 한국지
능정보사회진흥원에서 근무했다. 현재 한국지역정보
개발원 책임연구원으로 일하며, 포스텍 데이터사이
언스포럼 기획위원으로 활동 중이다. 주요 관심사로
는 디지털 기술을 활용한 지역혁신, 정보화 정책 분
석 등이다.

효용보다 가치,
구매를 결정하는 새로운 패러다임

한국 사회에서 삶의 질은 주거, 소득과 소비, 고용과 같이 경제성장 중심의 지표나 건강, 안전과 같이 객관화된 지표가 중요한 요소로 작용한다. 하지만 일반적으로 사람들이 스스로 체감하는 삶의 질에 대한 평가는 전반적인 삶의 만족도, 일상에서 느끼는 행복의 빈도, 즐거움을 주는 정서적 경험 같은 주관적인 요소들이 크게 영향을 미친다. 그중 소비 영역은 경제활동 지표로 나타낼 수 있는 동시에 개인의 일상생활에 기쁨과 만족감을 주는 중요한 요소가 된다. 특히 코로나19 이전에 널리 공감대를 얻으며 유행한 '욜로YOLO, You Only Live Once(삶은 한 번뿐)' '소확행(작지만 확실한 행복)' '탕진잼(소소하게 낭비하는 재미)' 같은 신조어들은 소비와 일상의 밸런스를 맞추려는 시대적 흐름이자 소비 행태가 생활의 안녕을 위한 필수 활동이자 여가임을 잘 반영한다고 할 수 있다.

소비생활 만족도 증가와 가치소비

——

2007년부터 2019년까지 2년마다 조사된 통계청의 〈사회조사〉에 따르면, 객관적인 소득수준과는 별개로 자신의 소비생활에 대해 주관적으로 인지하는 소비생활 만족도는 점점 더 상승하고 있다. 즉 가계부채 비율이 늘고 상대적 빈곤율도 높은 수준을 유지하는 데 반하여, 소비생활에 대한 자기만족도는 증가하고 있는 것이다. 세대별로는 밀레니얼 세대가 가장 높은 만족도를 보인다는 점이 주목할 만하다.

자료 23으로 확인할 수 있듯이 소득과 소비생활에 대한 만족도는 2007년, 2009년에 비슷한 수준을 유지하다가 2011년에는 소득

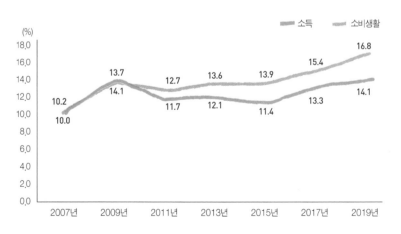

자료 23 소득과 소비생활 만족도 비교
(2007년과 2009년은 15세 이상, 2013년부터는 19세 이상 전 연령 조사, 통계청)

	전체	19~29세	30~39세	40~49세	50~59세	60세 이상
2009년	13.7	15.3	14.4	14.1	12.5	9.8
2011년	12.7	17.1	13.4	12.9	11.3	9.2
2013년	13.6	16.6	15.4	14.9	12.2	9.6
2015년	13.9	17.4	15.3	15.1	12.8	9.8
2017년	15.4	18.4	17.6	17.9	14.1	10.7
2019년	16.8	20.2	19.6	19.4	15.5	11.9

자료 24 **연령별 소비생활 만족도**
(2009년은 20~29세로 조사, 통계청)

이 11.7퍼센트, 소비생활이 12.7퍼센트로 조사되면서 두 지표의 만족도 수준이 역전되기 시작했다. 이후 2011년에서 2019년까지 소득 만족도의 경우에는 0.4퍼센트포인트, −0.7퍼센트포인트, 1.9퍼센트포인트, 0.8퍼센트포인트로 감소와 소폭 상승을 보인 반면, 소비생활 만족도는 0.9퍼센트포인트, 0.6퍼센트포인트, 1.5퍼센트포인트, 1.4퍼센트포인트로 꾸준한 상승세를 보여 준다.

실질 소득·소비 규모와 개인 만족도 간에 상관관계가 뚜렷하지 않은 이유 그리고 소득은 별로 증가하지 않지만 소비에 대한 자기 만족도가 증가한 이유를 '가치소비'의 확산에서 찾아볼 수 있다. 가치소비란 본인이 주관적으로 가치를 높게 평가하는 제품은 과감하게 구매하는 반면, 개인적으로 중요하지 않게 생각하지 않는 제품은 저렴하고 실속 있는 제품들로 고르는 소비 행태이다. 이 밖에도 가치소비에 대한 정의는 다양하다. ▪

지난 10년간 가치소비를 키워드로 보도된 기사 연관어를 분석하면 이런 양상이 실제로 드러나는 것을 볼 수 있다. 기성세대와 대비되는 밀레니얼 세대가 가치소비의 주체로 등장했고 가격 대비 심리적 만족을 의미하는 '가심비', 가치 있는 곳에 돈을 지불하고자 하는 '미닝아웃Meaning+Coming Out'을 비롯해 '비건' '친환경' '재활용' 같은 가치 지향을 드러내는 연관어들을 확인할 수 있다.

소비에 영향을 주는 도덕적 판단

눈길을 끄는 또 하나의 현상은 갑질 논란이 벌어진 기업의 제품 구매율이 급격히 하락하고 환경적으로 긍정적인 영향을 미치는 제품의 구매율이 증가하는 경향이다. 2020년 포드, 코카콜라 등 100여 개 글로벌 기업이 소셜미디어 페이스북에 광고 중단을 선언한 일이 있었다. 미국 내 특정 집단을 비하하는 혐오 발언의 확산과 인종차별 반대를 위한 행동이었다. 스타벅스 또한 매장 내 인종차별 논란으로 인해 발생한 불매운동에 대하여 사과와 방지대책을 내놓기

■ 강수현, 이수현(2019)은 '특정한 사회집단과 연합된 제품에 의해 획득되는 지각된 인식'으로, 김연수(2017)는 '감성적, 이성적 가치를 높일 수 있는 소비를 우선시하는 행위'로 보았다. 김미희(2016), 전지현(2010)은 '개인이 지불하는 비용 대비 주관적 만족·혜택'으로 정의하며 소비로 인한 효용이 주관적 가치 추구와 밀접한 관련이 있다고 보았다.

도 하였다. 이처럼 최근 소비 트렌드는 소비자 개인의 실질적이고 주관적 필요를 중시할 뿐 아니라 제품을 만드는 기업에 대한 도덕적 판단도 고려 대상이 된다. 이와 함께 개인의 소비와 생활을 드러내는 주요 매체인 소셜미디어^{SNS}를 통해 다양한 가치소비에 관한 정보와 형태들이 확산되면서 소비의 트렌드가 변화하고 있다.

이처럼 개개인의 합리적이면서도 사회적인 새로운 소비 방식이 확대되면서 네트워크와 대규모 데이터를 활용하는 새로운 산업이 등장했다. 바로 공유경제이다. 공유경제^{Sharing Economy}라는 개념은 1984년 마틴 와이츠만^{Martin L. Weitzman} 교수의 논문에서 처음 등장했다. 이를 구체적으로 정의한 것은 2008년 로런스 레시그^{Lawrence Lessig} 교수의 저서 《리믹스^{Remix}》를 통해 상업경제^{Commercial Economy}와 대비시키면서부터였다. 공유경제는 물품을 소유한다는 개념이

자료 25 가치소비 연관어
(2010. 1.~2020. 9., 방송 보도 및 신문 기사 추출, 한국언론진흥재단 빅카인즈 서비스)

아니라 서로 대여해 주고 차용해 쓴다는 개념의 경제활동으로, 현재는 물건이나 공간, 서비스를 빌리고 나눠 쓰는 인터넷과 스마트폰 기반의 사회적 경제모델이라는 뜻으로 많이 쓰인다.

외환위기 때 시작된 '아나바다'나 자동차 이용이 늘어나자 등장한 '카풀'처럼 이전부터 차량이나 물품, 장소 등을 대여하거나 공유하는 활동이 이어져 왔으나, 개인적인 네트워크나 특정 지역 내에서만 작용한다는 한계가 있었다. 이제는 사실상 경계가 없는 전 세계적 네트워크 속에서 자원의 효율적 이용이라는 취지까지 더해지며 다양한 서비스와 상품으로 공유경제의 영역이 확대되고 있다. 개인 소유에 얽매인다면 시도하기 어려웠을 소비가 공유 서비스를 통해 가능해졌으며, 네트워크 기술의 발전은 개인의 합리적 소비와 자원의 효율적 이용이라는 두 가지 목적을 달성하게 해 줬다.

공유경제를 통한 소비의 전환

─────

기업가치가 10억 달러(1조 2,000억 원)를 넘는 스타트업을 유니콘Unicorn 기업이라고 부른다. 상장도 하지 않은 스타트업의 가치가 10억 달러를 넘는 것은 유니콘처럼 상상 속에서나 존재한다는 의미에서 비롯됐다. 하지만 현재 유니콘의 10배인 데카콘Decacorn (100억 달러 이상), 100배인 헥토콘Hectocorn(1,000억 달러 이상)으로 확장되고 있다. 시장조사 기관인 CB 인사이트^{CB Insights}에 따르면, 2019년 10월 기준으로 전 세계 유니콘기업 상위 10위 안에 에어비엔비(미국), 디디추싱(중국), 그랩(싱가폴) 등 공유경제를 표방하는 데카콘 기업이 무려 세 곳이나 포함되어 있으며, 이들의 기업 가치만도 1조 달러가 넘는다.

이런 상황을 보여 주듯 공유경제 시장은 전 세계적으로 2015년 150억 달러에서 2025년에는 3,350억 달러로 약 20배 이상 성장할 것으로 예상된다. 우리나라에서도 2011년을 기점으로 공유경제에 대한 관심이 빠르게 증가했다. 2010년부터 2020년 사이 공유경제를 다룬 우리나라 기사의 증가 추이를 보면, 2016년부터 공유경제에 관한 기사가 본격적으로 등장한 것을 확인할 수 있다. 2016년에

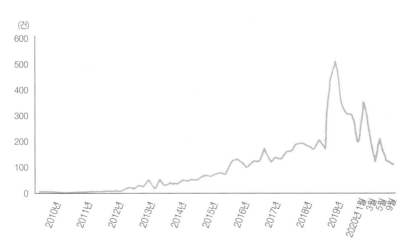

자료 26 2010년에서 2020년 사이 공유경제 관련 기사량
(2010. 1.~2020. 9., 방송 보도 및 신문 기사 추출, 한국언론진흥재단 빅카인즈 서비스)

박근혜 전 대통령이 공유경제를 신산업으로 육성한다는 투자 활성화 방안을 발표한 것을 계기로, 국제적으로 빠르게 성장하는 에어비앤비나 우버의 사례가 적극적으로 국내에 소개되었다.

공유경제를 가로막는 낡은 규제와 기존 업계의 반발로 정착에 한계점이 따랐음에도 국내 공유차 시장 규모는 꾸준히 성장해 2011년 6억 원, 2014년 300억 원, 2016년에는 1,000억 원을 넘어섰다. 대표적인 공유 자동차 업체인 쏘카와 그린카 회원 규모는 2016년에 각각 240만 명과 210만 명으로 2014년 대비 네 배 이상씩 증가했다. 이용 고객의 약 60퍼센트는 20대의 젊은 층으로, 이들은 어떤 세대보다 더 적극적으로 공유경제 서비스를 이용했다.

공유 오피스도 국내에서 급격한 성장세를 보인다. KT경제연구소에 따르면, 공유 오피스는 최근 3년 사이 200여 개 지점이 생겨나는 등, 시장규모가 연평균 63퍼센트의 성장을 거듭하는 중이다. 공유 서비스는 단순히 규모의 성장에 그치지 않고 일자리의 변화도 이끌고 있다. 공유 오피스는 출퇴근 시간 단축, 창고 대여, 키즈존 설치 등을 통해 기존 임대 사무실을 사용할 때 생겨났던 불만을 해결해 주고 보다 편리하고 경제적으로 사용할 수 있는 환경을 제공한다.

국내뿐 아니라 전 세계적으로 일상을 변화시킨 코로나바이러스의 확산은 공유경제 서비스 시장에도 변화를 주었다. 〈2020 KPMG 글로벌 자동차산업 동향 보고서〉와 관련 기사 등에 따르면 안전상

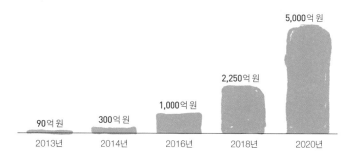

5,000억 원

2,250억 원

1,000억 원

90억 원   300억 원

2013년   2014년   2016년   2018년   2020년

자료 27 **국내 공유차량 시장 규모**
(2017, 한국과학기술정보연구원)

대면 접촉을 줄이기 위해 차량을 소유하고자 하는 소비자들이 증가하였고, 여행 자체가 어려워지면서 공유 서비스의 활용 범위가 축소된 것이 어쩔 수 없는 현실이다.▪ 그러나 위기의 장기화는 캠핑카 공유, 배달업을 위한 공유주방 등 공유 서비스의 다변화를 통한 새로운 시장 창출로 이어지고 있다. 공유경제는 명확한 개념으로 정의할 수 없을 만큼 다양한 형태로 빠르게 성장하고 있다. 개인의 합리적 소비를 통한 자원의 효율적 활용을 가능하게 하고, 사회적 비용을 최소화한다는 점이 많은 혁신기업들을 끌어들이는 매력적인 요소이다. 공유경제의 사회적 비용 절감 효과와 환경보호 효과는 이미 여러 분야에서 입증되었다. 한 가지 예로, 공유 차량 서

▪ www.mk.co.kr/news/stock/view/2020/06/616281("코로나19로 차량소유 수요 높아질 것", 매일경제)

비스를 이용할 경우 승용차 보유 대수가 감소하고 이에 따라 승용차 구매도 억제되어 공유 차량 한 대가 승용차 8.5대 이상을 대체할 것으로 추정된다. 2015년 서울연구원이 조사한 바에 따르면, 공유 차량 서비스를 이용함으로써 차량 한 대당 연간 189만 원의 가계 지출 절감 효과가 있었으며, 당시 총 운영대수 1만 5,295대로 연간 약 289억 원의 경제적 절감 효과가 있었다고 추정한다. 이는 장기적으로 가계 부담이나 주차 문제 등 여러 방면에 사회경제적 효과를 줄 것으로 예측된다. 또 개인 승용차 이용 횟수와 주행거리가 감소함에 따라 대기오염물질과 온실가스배출을 연간 약 486톤까지 줄일 것으로 예상되어 환경적인 측면에서도 기여도가 매우 높다.

공유경제는 소유하지 않아도 필요할 때 소비하고 자원까지 절약한다는 면에서 합리성과 가치 추구를 함께하는 이상적인 소비의 형태로 받아들여진다.

공유경제를 둘러싼 과제들

한편으로 생각해 봐야 할 점이 있다. 공유경제는 우리 개인의 소비 만족도를 높이면서도 그 이상의 가치를 실현한다는 목적을 달성할 궁극적 대안이 될 수 있을까? 안타깝게도 현재의 공유경제 시장은 본래의 강점을 제대로 구현하지 못하고 있다. 대표적인 사례가 중국의 자전거 공유 서비스 업체인 오포ofo의 파산과 중국 곳곳에 있는 자전거 무덤이다. 쓰이지 않는 땅에 쓰레기처럼 버려진 수백 수만 대에 이르는 자전거 무덤은, 격화된 기업 간 경쟁 속에서 무분별하게 생산된 자원과 절제되지 않은 사용 행태가 자원의 효율적인 활용과 사회적 비용 최소화라는 공유경제의 취지를 살리기가 얼마나 어려운지를 생생히 보여 준다.

중국뿐 아니라 우리나라에서도 따릉이 안전모의 대량 분실, 공유 전동 킥보드 등 이동수단의 무단 방치, 대여 우산의 훼손, 분실 같은 공유자원 활용의 실패 사례가 낯설지 않다. 개인의 만족과 합리적인 소비를 위해 공유하기 시작했지만, 여전히 존재하는 '내 것'과 '우리 것'의 차별적인 사용에서 드러나는 인식과 행동은 최초의 목적인 합리적인 소비조차 달성될 수 없게 할 것이다.

또 공동 소유, 공동 사용이라는 미명 아래 새로운 형태의 대기업이 출현해 과도한 이익을 챙기고 배달 노동자나 가맹점주에게 우월한 지위를 행사하는 등 플랫폼 기업에 이윤이 집중되는 현상도 이미 경험하고 있다. 플랫폼 기업들은 '독립계약자'라는 형태로 명목상의 사업자를 만들어 과거 임금노동에 포함되었던 생산이나 주문 관리 같은 업무에 대한 책임까지 저비용으로 전가하며 자기 착취를 유도하고 있다. 플랫폼 사업이 데이터의 저장과 관리 기능 외에 노동자, 고정자본, 유지비용 등을 외주화함으로써 독점지대를 얻는 새로운 형태의 자본주의라는 주장에 우리는 동의할 수밖에 없다. 아마존은 이미 2018년에 미국 전자상거래의 절반을 차지했고 구글은 검색엔진의 88퍼센트를 차지하고 있다. 이처럼 데이터의 집적은 수익으로 연결되기 때문에 새로운 플랫폼 시장에서 경쟁과 독점은 필연적이다.

이런 기술적, 구조적 토대는 또 다른 문제로 이어진다. 개인과 주변, 일상의 데이터들이 거대 기업들에 의해 보다 광범위하고 세밀하게 수집되고 있으며, 소비자는 데이터의 주체가 되지 못한 상황이다. 또한 기업의 데이터 활용이 개인의 사생활을 침해하는지의 여부도, 데이터를 최대한 수집하고자 하는 기업과 자신의 정보를 통제하고자 하는 개인의 법적 분쟁과 사회적 이슈화를 거치며 형성되고 있다. 정보주체로서의 개인의 권리가 수집자인 기업과의 협상을 통해 획득되고 보장받는 상황인 것이다.

가치 없는 가치소비를 지양하려면

———

경제적, 사회적 효율성을 추구하고 환경을 고려하는 소비자의 확산은 분명 긍정적인 현상이다. 그러나 개인의 감정과 공감에 근거한 소비만이 아니라, 사회적인 합의와 그 이면에 존재하는 다양한 함의들이 고려된 '가치소비'가 필요하다. 공유경제가 낳은 공유재 낭비, 이용자의 상식과 신뢰 결여라는 사회문화적 배경, 착취 수단으로 변질된 플랫폼 자본주의에 대해 보다 대안적인 고민이 이어질 수 있어야 한다. 공유경제 서비스는 평판과 신뢰에 기반을 두고 있기에 신뢰할 수 있는 정보를 제공하고, 사회공동체 구성원으로서의 관계 형성과 커뮤니케이션을 강화할 방법을 모색해야 한다. 공유 서비스를 지속적으로 유지하고 관리하는 역할은 기업만 가지고 있는 것이 아니다.

　가치소비와 공유경제의 바람직한 모습을 위해서 해결해야 할 과제는 결국 기술적인 문제가 아니다. 기술 구현의 영역보다는 기술을 사용하는 우리가 사회제도를 조직하고 공공의 가치와 신뢰를 축적해 나가는 문제이다. 개인의 정서와 사회자본에 대한 관심이 더 나은 소비와 삶의 양식들을 만들고 이로 인한 주관적인 삶의 만족도가 향상되는 선순환의 구조를 상상해 보자. 공유경제가 이윤 추구나 자원배분의 변화가 아닌, 생태계를 혁신함으로써 나의 행복과 사회의 번영, 모두가 더 윤택한 환경으로 진정 나아갈 수 있게 하는가에 대한 답은 우리에게 있다.

5장

오래되고 작아지는 한국인의 공간

조인혜

대학에서 사회학을 전공하고 IT 전문기자를 거쳐 2018년부터 한국프롭테크포럼 사무처장, 포스텍 데이터사이언스포럼 기획위원으로 활동 중이다. 공간의 변화가 사람들의 삶의 질에 어떻게 영향을 끼치는지 관심이 많으며, MZ세대와 스타트업, 여성이 미래한국 사회의 동력이라고 믿고 있다.

오래되고 작아지는 한국인의 공간

좋은 집에서 사는 것은 예나 지금이나 사람들의 꿈이자 희망이다. 맛있는 음식을 먹으면 하루가 행복하고, 좋은 옷을 사면 일주일이 행복하지만, 좋은 집은 몇 달, 몇 년간 행복을 가져다준다. 그만큼 집은 우리 삶에서 중요하다. 반지하 월세방에서 시작해 전셋집을 거쳐 드디어 내 집을 장만해 입주할 때의 기쁨을 상상해 보면 금방 이해가 될 것이다.

좋은 집은 쾌적한 주거생활을 의미한다. 적정한 규모의 공간에, 최소한의 관리로 안전하게 살아갈 수 있다면 좋은 집이다. 오래되고 낡아 수시로 결함이 생기거나 너무 비좁아 사생활이 보장되지 않는다면 좋은 집이라고 보기 어렵다. 한국인은 지금 어떤 집에서 살고 있을까? 결론부터 말하자면 주택 노후화는 갈수록 심각해지고, 주거전용면적은 만족할 만큼 증가하지 못하고 있다. 2020년대를 살아가는 한국인이 과연 어떤 공간에서 생활하고 있는지, 한국인의 실제 주거 환경을 면적과 노후화의 측면에서 짚어 보자.

10년 전보다 줄어든 공동주택의 가구당 면적

———

부동산 정보제공 기업인 부동산지인aptgin.com에서 추출한 자료 28을 보면, 아파트와 오피스텔을 합한 공동주택 전용면적 기준으로 지난 30년 동안 우리나라 가구당 평균 주거 면적은 8.47제곱미터(약 2.56평) 증가하는 데 그쳤다. 1990년 12월 당시 125만 3,635세대가 평균 62.94제곱미터(약 19평)의 공동주택에서 살고 있었는데, 2020년 6월 기준으로는 1,240만 3,826세대가 평균 71.41제곱미터(약 21.6평)에 살고 있다. 30년 동안 주거 공간이 거의 늘어나지 못한 셈이다. 10년 전인 2010년 12월 878만 8,760세대의 평균 71.94제곱미터와 비교하면 오히려 줄어들기까지 했다. 전체 가구 가운데

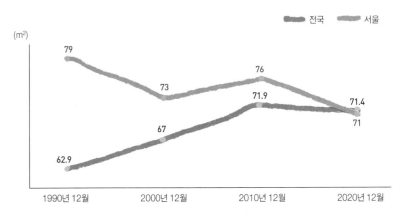

자료 28 **우리나라 세대당 주거 면적 증감 추이**
우리나라 세대당 주거 면적은 지난 30년 동안 8.47제곱미터 증가하는 데 그쳤다.
서울의 경우 30년 전보다 10퍼센트 더 협소한 공간에 살고 있다. (부동산지인)

20~30평대 공동주택에 거주하는 가구가 35.2퍼센트로 가장 많았으며, 30~40평대가 33.7퍼센트로 뒤를 이었다. 20평 이하 가구도 21.4퍼센트나 됐다.

특히 서울의 가구당 주거 공간 감소가 눈에 띈다. 서울은 1990년만 해도 가구 평균 주거 면적이 79제곱미터로 전국 최대를 기록했으나, 2020년 6월에는 71제곱미터로 18개 시·도 중 10위권 아래로 내려갔다. 30년 전과 비교하면 10퍼센트 더 좁은 공간에 살고 있는 셈이다. 반면 경기 지역은 1990년 가구당 58제곱미터(약 17.5평)에서 2020년 6월 74제곱미터(22.3평)로 늘어나 세종특별시를 제외하면 18개 시·도 가운데 가장 큰 폭으로 증가했다. 수도권 확장과 신도시 개발에 따른 것으로 파악된다.

국토교통부의 〈2019년 주거실태 조사결과〉에 따르면, 1인당 주

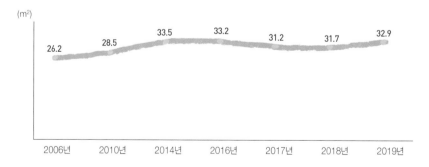

(m²)

26.2　　28.5　　33.5　　33.2　　31.2　　31.7　　32.9

2006년　2010년　2014년　2016년　2017년　2018년　2019년

자료 29 **1인당 주거 면적 증감 추이**
우리나라 국민 1인당 주거 면적은 2019년 기준 32.9제곱미터로
협소한 공간에 산다고 알려진 영국이나 일본보다도 더 좁다.
(2019년도 주거 실태 조사 결과, 국토교통부)

거 면적의 증감을 실감할 수 있다. 2006년 26.2제곱미터였던 1인당 주거 면적은 2014년 33.5제곱미터까지 증가했다. 그러나 2017년과 2018년에는 31제곱미터 수준으로 다시 줄어들었다. 2019년에는 32.9제곱미터로 약간 증가했지만, 월세가 비싸 협소한 공간에서 산다고 알려진 일본의 40.2제곱미터나 영국의 40.9제곱미터보다도 작은 수준이다.

경기대학교 도시교통공학과 김진유 교수에 따르면, 조사 면적은 주거전용면적을 기준으로 하기 때문에 마당이나 발코니 등의 공간은 포함되지 않는다. 또 공동주택 비율이 월등히 높은 국내 현실을 감안하면 실제 주거 면적은 외국과 더 큰 차이가 날 것이라고 한다.

넷 중 한 가구는 25년 이상 된 주택에 거주

이제 주거 면적에 이어 주택 노후화에 대해 살펴보자. 국토교통부의 〈2019년 건축물 현황 통계〉에 따르면, 30년 이상 된 전국의 노후 건축물은 총 273만 8,500동으로 전체 동 수의 37.8퍼센트에 이른다. 건축물 열 채 중 약 네 채가 지은 지 30년이 넘었다는 것이다. 그중 주거용 건물은 47퍼센트로 상업용 건물의 27퍼센트에 비해 노후화된 건축물 비중이 훨씬 높다. 이처럼 노후주택에 대한 부담은 점점 커지고 있다.

계속해서 부동산지인의 데이터를 분석한 결과, 2020년 6월 전국 아파트, 오피스텔 등 공동주택 1,240만 3,826가구 가운데 30년 이상 된 주택에서 생활하는 가구 비중은 8.5퍼센트로, 2010년 1.7퍼센트에 비해 10년 새 다섯 배나 늘어났다. 기준을 25년 이상 된 공동주택으로 확대하면 노후화는 더 심각해진다. 자료 30을 보면 2010년 5.2퍼센트에서 2020년 23.4퍼센트로 크게 증가한 것을 확인할 수 있다. 네 가구 중 한 곳은 25년 이상의 오래된 주택에 살고 있는 것이다.

지역별로 보면 대전이 25년 이상 된 주택 거주 가구 비중이 36.2퍼센트로 가장 높았고, 30년 노후화 비중에서는 서울과 인천이 각각

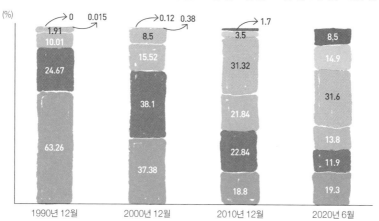

자료 30 **건축 연한에 따른 전국 공동주택 주거 세대 비율**
우리나라에서 25년 이상의 연한을 가진 건축물은 23.4퍼센트로 건물 네 개 중 한 개꼴이다. (부동산지인)

15.1퍼센트와 12.9퍼센트로 가장 높았다. 30년 노후화 비중이 가장 낮은 곳은 역시 세종이었고, 경기도도 4.5퍼센트로 상대적으로 낮았다. 1970년대 후반부터 우리나라 공동주택 건설 붐이 본격화됐음을 생각하면 30~40년 전부터 대량으로 짓기 시작한 공공주택의 노후화 비중이 향후 급격히 높아지는 것은 피할 수 없다.

안전문제와 슬럼화를 낳는 노후화

주택 노후화는 주거 만족도를 크게 떨어뜨릴 뿐 아니라 안전문제도 일으킨다. 2000년대 이후의 공동주택은 발코니 확장이나 공동시설 확대, 인테리어 고급화 등이 이루어졌지만, 기존의 노후주택은 여러 면에서 현재의 주거 트렌드에 역행하고 있다. 노후화는 주택 유지와 관리비 증가, 층간 소음, 단지 슬럼화 등 여러 문제를 불러오고 있다. 특히 2030 세대는 오래된 주택에서 거주하는 것을 극도로 기피한다. 부모 세대보다 더 가난해진 밀레니얼 세대가 낮은 소득과 고용 불안에도 쪽방촌, 고시원 같은 곳보다 높은 비용을 지불하면서까지 쾌적하고 살기 좋은 셰어하우스를 선호하는 것도 이 때문이다.

노후화의 가장 심각한 문제는 역시 안전이다. 도시및주거환경정비법에 따르면, 노후화된 건축물은 훼손 혹은 일부가 파손되어 붕괴 및 안전사고 우려가 있는 건축물을 의미한다. 통상 20~30년 정도를 노후화된 건축물로 보지만 단순히 오래되었다고 문제가 되거나 정비 대상이 되는 건 아니다. 붕괴나 누수 등 안전이나 위생 등의 심각한 문제가 일어날 수 있는 상태를 함께 판단하기 때문이다.

주택의 가장 중요한 기능이 외부 위험으로부터의 보호라고 할 수 있는데, 심각한 노후화는 주거 목적 자체를 훼손시키는 큰 문제가 아닐 수 없다. 예를 들어 2018년 6월 서울시 용산구에서 일어난 4층 규모 상가의 건물 붕괴 사고는 노후화가 근본적인 원인이었다. 건물은 이미 1966년에 지어져 50년 이상의 노후화가 진행 중이었다. 건물의 부식이 심해진 데다 주변에 신축 공사가 여기저기 진행

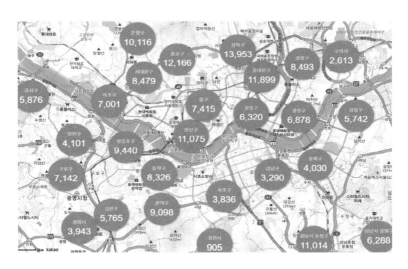

자료 31 **서울시 내 30년 이상 노후 건축물 수**
랜드북세이프티 서비스로 서울에 몇 년 이상 된 건축물이 구별로 얼마나 있는지
파악할 수 있어 안전관리나 도시재생 정책에 유용하다.
(랜드북세이프티, 스페이스워크)

되면서 진동을 견디지 못하고 무너져 큰 사고로 이어졌다.

이러한 노후 건축물 문제를 파악하기 위해 정확한 진단이 필요하다. 자료 31은 스페이스워크의 랜드북세이프티^{safety.landbook.net} 서비스로 서울에 몇 년 이상 된 건축물이 구별로 얼마나 있는지 파악할 수 있게 해 줘 안전관리나 도시재생 정책에 효과적이다.

데이터를 통해 확인하면 노후화의 현주소가 더욱 명확해진다. 랜드북세이프티를 통해 데이터를 추출한 결과, 서울에 30년 이상 노후화된 건물이 구마다 수천 개씩 밀집해 있는 것을 발견했다. 특히 성북구, 은평구, 종로구 등은 1만 개 이상의 건물이 노후화된 것으로 나타나 강북 지역의 노후화가 더 심각했다. 주택 재개발과 재건축 외에도 도시재생뉴딜사업 등 주택 노후화 문제를 해결하기 위해 가능한 한 모든 정책을 동원해야 하는 시점이다.

50년 동안 한 뼘도 늘지 않은 거주 공간

———

주거 면적 확대와 재구성 역시 더 이상 미룰 수 없다. 특히 코로나 19 확산 이후 사회적 거리 두기가 강조됐고 재택근무, 원격 강의 등으로 집 안에서도 업무와 공부를 해야 하는 상황이 오면서 가족 간 갈등도 늘어나고 있다. 기존의 공동생활이 주가 됐던 공간보다 더욱 분리되고 독립된 공간의 필요성이 커졌다. 발 빠른 일부 민간 개발업체들은 이 같은 상황을 감안해 효율적인 설계와 공간 구분 등의 트렌드를 반영하고 있으나, 현실적으로는 국민의 생활수준 향상이나 주관적인 기대치에 제도적 환경이 따라오지 못하고 있다.

전문가들은 우리나라 주거 공간이 좁은 것은 정부의 공공주택 정책이 가장 큰 원인이라고 진단한다. 공공주택 면적의 기준이 되는 것이 1973년 주택건설촉진법 시행과 함께 등장한 국민주택인데, 지금까지 택지 및 임대주택의 공급 기준은 물론 각종 주택 관련 소득공제의 기준이 되고 있다. 또 분양가상한제 등 주택 관련 투기를 막기 위한 기준으로도 활용되고 있어 매우 중요한 지침이 된다. 그런데 이 국민주택 규모는 주거의 용도로만 쓰이는 주거전용면적을 가구당 85제곱미터 이하로 제한하고 있다(수도권을 제외한 도시지역이 아닌 읍·면 지역의 경우 100제곱미터). 경기대학교 김진유 교수는 우리가 안전하고 쾌적하게 살기 위해서는 충분히 넓은 주거 공간이 꼭 필요함에도 우리나라 국민주택 규모가 1973년 주택건설촉진법 시행 이후 지난 50년 가까이 단 한 뼘도 늘지 않았고 소형주택과 공공임대는 60제곱미터를 넘지 않는다고 지적한다.

부동산 정보제공 기업 지인플러스G-IN plus의 정민하 대표는 1,000만 시민이 거주하는 서울의 거주 면적이 상대적으로 줄어들고 노후화가 가속화되는 현실에 주목한다. 좀 더 큰 의미에서 보면 주택은 단순히 건축물이 아니라 입지와 환경의 영향을 많이 받기 때문에 앞으로의 주택공급에서 이런 환경적 요소가 중요하다고 강조한다. 이처럼 앞으로 정부가 시행하는 주택 정책에서 노후화와 주거 면적의 확대 문제는 반드시 함께 고려돼야 할 사안이다.

코로나19 시대에 더욱 절실해진 공간 재설계

주거 공간을 지금보다 쾌적하게 만들고 주택 노후화가 불러올 여러 문제에 대비하기 위해서는 정부의 새로운 정책 방향과 기준 수립이 필요하다. 하지만 여러 가지 상황과 자원의 제한으로 당장 실행하기가 쉽지 않다. 다행히도 이런 제약을 극복하게 해 줄 주목할 만한 시도들이 민간기업 주도로 이어지고 있다. 다양한 기술을 결합해 한정된 공간의 효율을 높이고 공유 공간의 효과적 활용을 주도하는 주체는 바로 부동산에 기술을 접목하는 스타트업이다. 이런 움직임을 '프롭테크Proptech'라고 하는데, 부동산Property과 기술Technology의 합성어로 하이테크 이전의 기본 노동력을 토대로 한 로테크Low-tech 분야인 부동산에 빅데이터, 인공지능, 사물인터넷IoT, 가상현실VR 등의 첨단 정보기술을 이용해 도시 슬럼화, 주택 노후화, 청년과 취약계층 주거복지를 해결하기 위한 프로그램을 운영한다.

앞의 자료에서 볼 수 있듯이 스페이스워크는 인공지능을 이용해 한정된 토지자원을 어떤 형태로 개발하는 것이 가장 효율적인지 알려주는 랜드북 서비스를 제공한다. 특히 전문가의 도움을 받기 어려운 좁은 필지의 땅을 개발할 때 층수, 주차 대수, 방의 개수 등 다양한 옵션들을 가장 최적화된 결괏값으로 제시해 주기 때문에 도심지역의 좁은 공간을 효율적으로 활용할 수 있다. 또 다른 기업 앤스페이스의 경우 도시 내 쓰임새가 낮아진 공간을 찾아내 어떤 장소로 활용하면 좋을지 주변 분석과 컨설팅을 제공함으로써 공간의 활용도를 높인다. 특히 한 공간을 하나의 쓰임새로만 활용하는 것이 아니라 시기별, 시간별, 용도별로 다양하게 운영할 수 있는 모델들을 제시하고 있다. 홈즈컴퍼니는 역세권 등 입지가 좋은 곳에서 청년 가구나 1인 가구들이 쾌적하고 안전하게 거주할 수 있는 홈즈스튜디오를 선보여 인기를 얻고 있다. 로컬스티치도 지역의 오래된 건물이나 쓰지 않는 공간을 리모델링해 1인 창업가나 스타트업 종사자, 프리랜서가 생활하고 작업하는 장소로 제공한다.

이런 프롭테크 공간들의 특징은 젊은 세대를 위한 가성비 높은 공간만 제공하는 것이 아니라 건물주 혹은 입주자를 파트너로 여기며 함께 새로운 사업을 벌이고 수익을 공유하는 모델을 지향한다는 점이다. 또 최근 코로나19 상황에서 방역과 위생 수칙을 엄격히 하고 공간 매뉴얼화하면서 사생활과 보안, 안전까지 보장하며 신뢰도가 높아지고 있다.

부동산과 기술의 결합인 프롭테크의 흐름은 안전, 쾌적, 효율이 절실한 향후 주거 공간 설계와 구축에 큰 역할을 할 것으로 기대된다. 무엇보다 코로나19와 공존하는 위드 코로나^{With Covid-19} 시대, 부동산시장과 정보기술의 결합이 만들어 낼 미래에 기대가 크다. 미래의 한국인이 안심하고 공간을 향유할 수 있는 새로운 접근 방식이 그 어느 때보다 절실하다.

6장

부동산시장을 이끄는 새로운 세대

조인혜

대학에서 사회학을 전공하고 IT 전문기자를 거쳐 2018년부터 한국프롭테크포럼 사무처장, 포스텍 데이터사이언스포럼 기획위원으로 활동 중이다. 공간의 변화가 사람들의 삶의 질에 어떻게 영향을 끼치는지 관심이 많으며, MZ세대와 스타트업, 여성이 미래 한국 사회의 동력이라고 믿고 있다.

부동산시장을 이끄는 새로운 세대

인간 생활의 세 가지 기본 요소가 의식주라지만 옷과 음식에 따른 삶의 편차는 그리 크지 않다. 극히 예외적인 경우를 제외하고 기껏 해야 몇 만 원, 몇 십만 원 정도의 차이일 뿐이다. 하지만 '주(住)'는 다르다. 어디에서 살고 있는지, 어떤 공간에서 거주하는지는 매우 큰 격차를 낳는다. 원룸을 벗어나고 싶어도, 교육 환경이 좋은 곳으로 이사 가고 싶어도 비용 등 현실적인 이유로 집은 쉽게 바꿀 수 없기 때문이다.

2020년 11월 통계청이 발표한 〈2019 국민대차대조표〉에 따르면, 부동산이 2019년 우리나라 국민순자산에서 차지하는 비중은 무려 85.1퍼센트에 달한다. 다음의 자료 32를 보면 생산자산 중에는 건설자산 5,353조 원, 비생산자산 중에는 토지자산 8,767조 원 등이 부동산에 해당되는데, 이 가운데 주거용 자산은 총 5,056조 원으로 국부의 30.4퍼센트를 차지하고 있다. 경제지표로만 봐도 부동산은 매우 중요한 위치를 차지한다. 더욱이 행복지수와 삶의 질

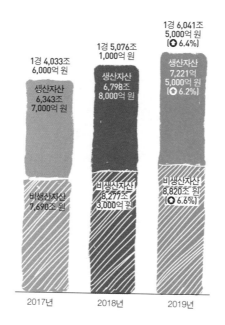

1경 4,033조
6,000억 원

생산자산
6,343조
7,000억 원

비생산자산
7,690조 원

2017년

1경 5,076조
1,000억 원

생산자산
6,798조
8,000억 원

비생산자산
8,277조
3,000억 원

2018년

1경 6,041조
5,000억 원
(⟳ 6.4%)

생산자산
7,221억
5,000억 원
(⟳ 6.2%)

비생산자산
8,820조 원
(⟳ 6.8%)

2019년

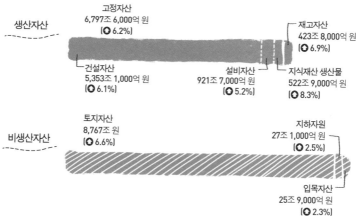

생산자산

고정자산
6,797조 6,000억 원
(⟳ 6.2%)

건설자산
5,353조 1,000억 원
(⟳ 6.1%)

설비자산
921조 7,000억 원
(⟳ 5.2%)

재고자산
423조 8,000억 원
(⟳ 6.9%)

지식재산 생산물
522조 9,000억 원
(⟳ 8.3%)

비생산자산

토지자산
8,767조 원
(⟳ 6.6%)

지하자원
27조 1,000억 원
(⟳ 2.5%)

입목자산
25조 9,000억 원
(⟳ 2.3%)

자료 32 2019년 부문별 국민순자산 비중
부동산자산은 건설자산과 토지자산으로 나뉘는데 우리나라 국민순자산의 86.1퍼센트에 달할 정도로
국민의 삶에서 중요한 위치를 차지한다.(⟨2019 국민대차대조표⟩, 통계청)

을 좌우하는 핵심 요소임을 감안할 때 부동산의 실질적 중요성은 더욱 커진다.

부동산은 공산품 등 다른 소비재와는 달리 구매 규모가 크고, 사용주기도 매우 길며, 대체재가 거의 없다는 특성이 있다. 한정된 토지에 막대한 초기 투자비용이 필요하고 정부 규제가 강하다 보니 이 시장은 소수의 공급자가 주도하는 형태를 벗어나지 못하고 있다. 정보 역시 매우 제한적이어서 소수의 관계자만이 공유할 뿐 일반 소비자들은 깜깜한 시장을 더듬거나 일부 중개업자들에게 휘둘리는 경우가 많다.

20~30개 공간을 누리는 에코 세대

———

그러나 부동산시장에도 변화의 바람이 불고 있다. 몇 년 전부터 소비자의 선택 폭을 넓히고 다양한 취향을 반영하려는 흐름이 본격 등장하고 있다.

피데스개발연구소, 더리서치그룹과 서울대학교 공유도시랩이 공동연구한 〈2020~2021 주거 공간 7대 트렌드〉에 따르면, 젊은 세대의 주거 공유, 오피스 공유, 주방 공유 등의 경제 현상을 지칭하는 위두We Do, 반려동물 및 로봇과의 공동 거주를 의미하는 펫·봇·인 스테이, 방 하나에서 모든 것이 이루어지는 올인룸All in Room

등 새로운 내용이 대거 포함됐다. 도시와 농촌 등 서로 다른 지역에 집을 두고 거주하는 멀티 해비테이션Multi-Habitation, 4차 산업혁명 기술이 집에 집약되는 플랫홈Platform+Home 등에 이르기까지 이전에 없던 매우 뚜렷한 특징이 주거 분야에 나타나고 있다.

이러한 새로운 변화는 에코 세대의 부상과 1인 가구 급증이 주요한 원인이다. 일반적으로 베이비붐 세대 이후 1979년에서 1992년 사이에 태어난 에코 세대는 약 1,380만 명으로 우리나라 인구의 27퍼센트를 차지한다. 이들은 베이비붐 세대의 자녀들로 비교적 풍족하게 자라고 민주화된 사회와 다양성을 중시하는 문화에 익숙하다. 주는 대로 먹고 잠잘 곳만 있으면 된다는 생각이 강한 이전 세대와는 의식주를 둘러싼 가치와 지향이 근본적으로 다르다.

공간 공유 플랫폼 스페이스클라우드를 운영하는 앤스페이스에 따르면, 에코 세대와 일부 겹치는 밀레니얼 세대는 파티룸, 카페, 스터디룸, 노래방, 공유 작업실 등 한 사람이 20~30개의 공간을 향유한다고 한다. 집과 회사, 커피숍, 오락실 등 10개 미만의 장소만을 오갔던 과거 세대와는 공간 사용에서 차이가 크다. 이들은 태어날 때부터 디지털에 익숙하고 2000년대 후반부터 시작된 모바일 혁명기에는 주역으로 성장했다. 검색과 가격 비교에 능숙하며 인터넷 게시판과 콜센터 등 고객센터에 불만을 제기하고 원하는 것을 강력하게 표현하는 능동형 소비자이기도 하다.

60퍼센트가 넘는 1, 2인 가구

주거에서 가장 중요한 단위인 가구 구성의 변화도 주거 문화에 미친 영향이 크다. 1인 가구는 2045년이면 국내 가구 수의 40퍼센트에 가까운 비중을 차지할 전망이다. 통계청 발표에 따르면, 4인 가족이 표준이었던 과거와 달리 1인 가구는 2010년부터 4인 가구를 앞지르기 시작했다. 2020년 1인 가구 수는 584만 가구로 전체의 30퍼센트에 달한다. 향후 30년 동안 40퍼센트 이상 늘어날 것으로 예상되는 1인 가구는 공간과 이를 둘러싼 환경 변화의 근거이자 가장 큰 변수가 될 것이다.

4인을 기준으로 설계됐던 모든 주거 공간 계획은 앞으로 1, 2인

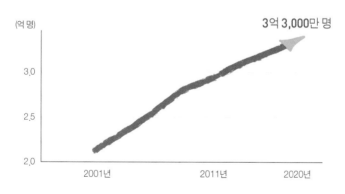

자료 33 밀레니얼 세대와 1인 가구
1인 가구는 2010년부터 4인 가구를 앞지르기 시작해 지금은 전체 가구의 30퍼센트 이상을 차지하고 있다.
전 세계적으로는 3억 3,000만 명 이상이 1인 가구로 살아가고 있다.
(유로모니터, 셰어하우스 우주 자료 재인용)

위주로 재편될 전망이다. 1인 가구는 4인 가구에 비해 조화보다는 개성이, 절충보다는 취향이 훨씬 더 중요하다. 그리고 무엇보다 1인 가구 상당수는 에코 세대와 겹친다는 점에서 이전과는 차별적인 주거 특성이 뚜렷해질 것이다.

에코 세대와 1인 가구, 이들 두 그룹은 이미 사회·경제·문화 등 모든 영역에서 주류로 부상했다. 아침 간편식을 배달하는 새벽 배송이 인기를 끌고 혼밥, 혼술 메뉴가 점차 늘어나는 것만 봐도 그렇다. 군이 식당에 갈 것까지 있냐며 한두 번 이용했던 배달 앱은 이

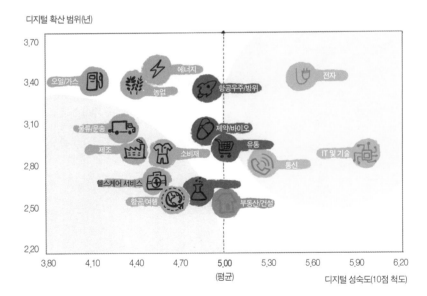

자료 34 산업별 디지털 성숙도 비교
부동산 및 건설업의 디지털 성숙도는 10점 척도의 절반 수준인 5.1점을 기록했다.
(딜로이트, 대신증권 리서치센터)

제 없어서는 안 될 필수 앱이 됐다. 에코 세대와 1인 가구가 열광하는 스타트업은 기업 가치가 수억 달러에 이르는 신생 기업인 유니콘기업의 길을 가고 있다.

디지털 전환이 느린 부동산시장

—

한편 부동산시장의 변화는 다른 분야보다 늦게 움직인다. 그만큼 거대한 시장이고 견고하고 공고한 공급자 위주의 시장이기 때문이다. 이는 전 사회적으로 불어닥친 디지털 전환의 흐름이 유독 부동산 분야에는 영향을 미치지 못한 것과도 관련이 있다. 글로벌 컨설팅 업체인 딜로이트에 따르면, 부동산 및 건설 업종의 디지털 성숙도는 10점 척도에 5.1점으로 평균 수준에 머무르고 있다.

한국산업기술평가관리원KIET이 조사하고 대신증권 리서치센터가 분석한 각 산업과 IT산업 간 융합도 측정 결과에서도 부동산 산업은 0.035점으로 전체 산업 평균 0.09점에 크게 뒤처져 있다. 특히 IT서비스업과의 융합은 0.107점으로, 업계 평균인 0.220점 대비 확연히 낮은 수치를 보인다.

이처럼 그동안 IT산업과의 융합도가 낮았던 부동산 산업에 빅데이터, 모바일, 가상현실, 인공지능, 사물인터넷 등의 기술을 접목해 시장을 혁신하려는 시도인 프롭테크가 나타나고 있다.

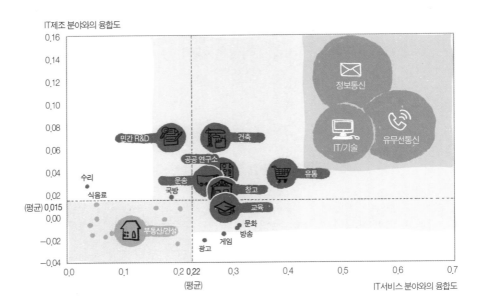

IT제조 분야와의 융합도

자료 35 **산업별 IT산업과의 융합도**
부동산 및 건설업은 IT 제조 및 서비스 산업과의 융합 정도에서 매우 낮은 수준을 보이고 있다.
(한국산업기술평가관리원(KIET), 대신증권 리서치센터)

20, 30대의 필수품, 부동산 앱

이미 우리가 익숙하게 사용 중인 대표적인 프롭테크 서비스는 부동산 앱이다. 2012년 서비스를 시작한 직방은 2020년 9월 앱을 다운로드한 이용자 수가 무려 3,000만 명에 달한다. 통계청이 발표한 2019년 12월 기준 경제활동인구가 2,800만 명이니 이용 규모가 얼마나 거대한지 짐작할 수 있다. 뿐만 아니라 이런 부동산 앱이

300개를 넘어서고 1인 평균 서너 개씩 다운 받고 있어서 누구든지 기본적인 부동산 정보는 쉽게 얻을 수 있는 세상이 됐다. 부동산시장에서 50~60대보다 자금력과 구매력이 낮은 젊은 층이 부동산 앱에서는 지배적인 주류로 부상하고 있는 것이다.

한국감정원에 따르면, 2020년 1~5월 30대의 서울 아파트 구매 비율은 30.7퍼센트로 전 연령대에서 가장 큰 비중을 차지했다. 이는 이전에 아파트 주 구매층으로 불리던 40대(27.3퍼센트)보다 3퍼센트 이상 높은 수치이다. 모바일에 익숙한 젊은 세대들이 부동산 앱을 통해 다양한 부동산 정보를 습득한 것과 결코 무관하지 않은 결과이다. 다방 플랫폼의 사용 연령층을 살펴보면 25~34세가 47퍼센트로 가장 많은 비율을 차지하고 있는 것으로 나타났다.

이들은 부동산 허위 과장 정보에 대해서도 매우 엄격한 태도를 취한다. 중개업소에 가서 허탕을 치거나 여러 번 발품을 파는 것을 당연시하는 이전 세대에 비해 이들 그룹은 집을 구하는 과정에서 불쾌한 경험을 하거나 부당한 대우를 받은 기억을 쉽게 잊지 않고 어떤 식으로든 갚아 준다. 그것이 게시판에 나쁜 평판을 올리는 것이든, 앱을 지우는 것이든, 소비자 신고를 하는 것이든 말이다.

새로운 세대, 새로운 주거 가치

에코 세대와 1인 가구는 여러 가지 면에서 부동산시장을 바꾸고 있다. 이들은 패션·외식·여행·쇼핑 등에서 사용하는 소비 패턴들을 하나둘씩 부동산 분야에 들여오고 있다. 그저 잠만 자는 공간 혹은 재테크 수단 정도로 인식해 온 과거 부동산에 대한 시선을 거두고 일상을 누리고, 삶의 질을 높이고, 행복감을 느낄 수 있는 중요한

● 1순위   ● 1+2순위

1순위 기준 (%)		단지 배치/ 방향	인테리어 스타일	전망/ 조망	세대 평면 구조	빌트인 가구/ 가전	부대 시설	마감재 수준	조경 시설	외관 형태
20대 후반	100	15.0	27.0	15.0	9.0	21.0	7.0	6.0	0.0	0.0
30대	258	17.8	25.6	16.7	12.4	10.1	5.8	7.0	2.3	2.3
40대	249	25.3	17.7	15.3	16.1	6.4	4.8	4.0	4.8	5.6
50대	379	25.9	16.9	14.0	16.6	9.8	4.0	4.7	3.7	4.5
60대	214	17.8	15.9	15.9	18.7	10.7	7.5	3.7	6.1	3.7

막대 그래프 수치: 단지 배치/방향 33.2 / 21.7, 인테리어 스타일 33.3 / 19.6, 전망/조망 31.8 / 15.3, 세대 평면구조 31.1 / 15.3, 빌트인 가구/가전 19.3 / 10.3, 부대시설 15.2 / 5.4, 마감재 수준 14.2 / 5.0, 조경시설 12.0 / 3.8, 외관 형태 10.1 / 3.8 (%)

자료 36 주택 구매시 내적 고려 요인
2030 세대가 주택을 구매할 때 단지 배치나 방향보다는 인테리어 스타일과 빌트인 가구가
가장 중요한 선택 요소로 나타났다.
〈2019 미래주택소비자 인식조사〉, 더리서치그룹

공간으로 인식하기 시작했다.

새로운 세대의 특징은, 우선 프롭테크 영역 중 하나인 공유 서비스를 매우 잘 활용한다는 것이다. 1인 가구는 우주, 홈즈 스튜디오 같은 코리빙 공간에서 거주하기를 선호하며, 스파크플러스, 그레이 프라운지 같은 공유 오피스, 공유 라운지에서 업무를 보는 에코 세대들도 늘고 있다. 창업 역시 처음부터 모든 것을 혼자서 준비하기보다는 공유 주방, 공유 미용실 등의 소자본 창업 플랫폼을 통해 모색하는 사례가 생겨나고 있다. 이는 소유보다는 공유, 구매보다는 구독에 좀 더 익숙해진 젊은 세대의 특성이 반영되고 있는 것으로 볼 수 있다.

치솟는 집값과 어려워진 내 집 마련에 대한 반작용에서 비롯되긴 했지만, '구매할 수 없다면 즐기자'라는 마인드로 나아가고 있는 것도 사실이다. 그래서 더 주목받는 분야가 바로 '데코와 인테리어 서비스'이다. 더리서치그룹의 〈2019년 미래주택소비자 인식조사〉에 따르면, 주택 구매 시 가장 중요한 내적 요인으로 40~60대는 '단지 배치와 방향'을 1순위로 꼽았지만, 20~30대는 인테리어를 으뜸으로 골랐다. 그다음으로는 붙박이 같은 빌트인 가구나 가전이 중요하다고 답해 가구나 집기를 일일이 갖추기 어려운 1인 가구의 특징도 잘 보여 준다.

이런 욕구를 충족시키기 위한 인테리어 중개 플랫폼인 집닥의 2019년 누적 거래액은 2017년 600억 원에서 3년 만에 3,000억 원까지 늘어났다. 오늘의집이나 집꾸미기 같은 소품형 인테리어 서비스는 외출과 여행이 어려운 코로나19 국면에 더욱 큰 인기를 끌고 있다. 오늘의 집은 2020년 11월 말 성장성을 인정받아 본드캐피탈 등으로부터 770억 원에 이르는 시리즈C▪ 투자를 유치하기도 했다. 또 가상현실을 활용해 모델하우스에 가지 않고도 집 안 구석구석을 둘러보거나 가상 인테리어를 통해 가구 배치를 미리 시뮬레이션해 볼 수 있는 서비스도 인기를 끌고 있다. 특히 블록체인과 크라우드펀딩을 통해 상업용 부동산을 주식처럼 쪼개어 살 수 있는 상품이 등장하면서 젊은 세대의 구미를 당기고 있다.

앞으로 주거와 관련된 시장은 훨씬 더 큰 폭으로 변화할 것이다. 겉으로 보이는 건물의 형태나 구조의 변화보다는 서비스와 콘텐츠가 점점 큰 비중을 차지할 것으로 보인다. 입지나 하드웨어가 주도하는 시장에서 힘을 못 쓰던 소비자들은 소프트웨어가 중요해질수록 강력한 힘을 발휘할 수 있다.

▪ 시리즈A는 스타트업에 투입되는 초기 투자, 시리즈B는 기술이 상품화되는 단계의 투자, 시리즈C는 성공 궤도에 올라 시장을 늘리는 단계의 투자를 가리킨다.

여전히 문제로 남아 있는 수도권 집중화

이러한 변화에도 좀처럼 풀기 어려운 부동산시장의 문제가 있다. 그중 하나가 수도권 집중화이다. 새로운 택지개발과 주택보급사업을 통해 계속 공급이 이루어지고 있지만, 다른 지역에 비해 상대적으로 주택이 부족한 상황은 크게 나아지지 않았다. 인구 1,000명당 주택 수를 보면 전남 지역이 380호를 넘어설 때 수도권지역은 300호를 겨우 넘는다. 땅값의 차이도 크지만 실수요가 많다 보니 실거래 가격도 높게 형성될 수밖에 없다.

2017년 11월을 100으로 기준 삼아 전국의 아파트, 연립주택, 다세대주택을 대상으로 실거래가를 파악해 보면, 지방의 공동주택 거래가는 점차 하락하는 반면, 수도권 집값은 2012년 하반기부터 다시 급속하게 오르고 있다. 정부가 여러 가지 부동산 대책을 내놓고 있어 앞으로 추이가 기대되지만 수도권으로 진입하고자 하는 인구는 좀처럼 줄지 않을 것으로 예상된다.

프롭테크가 만병통치약은 아니지만 나이·취향·소비 패턴·이동 경로 등의 정교한 데이터에 기반을 두어 체계적인 분석을 해 주고, 수도권 집중화를 비롯한 여러 사회문제를 해결하는 데 도움을 줄 수 있을지도 모른다. 개성과 편의를 중시하고, 가치지향적인 소비를 추구하며 자족하는 삶을 모색하는 새로운 세대는 투기 대상이 된 부동산, 수도권 집중화 등 해묵은 부동산 문제의 지형을 바꿔낼 신新소비자가 될 수 있다.

7장

키워드로 본 수도권 집중화

배영

~~~~

숭실대학교 정보사회학과 교수를 거쳐, 현재 포스텍 인문사회학부 교수로 재직 중이다. 한국정보사회학회 회장을 맡고 있으며 저서로는 《지금, 한국을 읽다》《압축 성장의 고고학》(공저)《소셜미디어 시대를 읽다》(공저)《사회자본》(공역) 등이 있다.

키워드로 본 수도권 집중화

"모로 가도 서울만 가면 된다."

"말은 제주로, 사람은 서울로!"

일상에서 흔히 들을 수 있는 말이다. 이 말에 등장하는 '서울'은 단지 수도를 의미하는 게 아닌 '목적'이자 '최적'을 뜻한다. 이런 얘기가 사람들 사이에 무리 없이 공유되는 걸 보면 서울이 가진 긍정적 의미가 여전히 유효한 듯하다. 서울로 가기 원하는, 목적 달성을 위한 최적의 환경에서 생활하고 싶어 하는 개인들의 노력은 그 자체로 존중받아야 한다. 그로 인해 다른 문제를 만들지 않는다면 말이다.

한편으로 '서울 공화국'이라는 말의 부정적 의미가 시사하듯, 서울을 포함한 수도권 지역의 과밀 문제는 오래전부터 논의되어 온 사회적 과제이다. 2019년 국토교통부에 따르면, 우리나라 전체 면적은 10만 6,285제곱킬로미터, 그중 서울·경기·인천을 포함한 수도권의 면적은 1만 2,142제곱킬로미터이다. 전체 면적 대비 수도권 지역은 약 11.4퍼센트를 차지한다. 하지만 인구 규모는 다른 양상

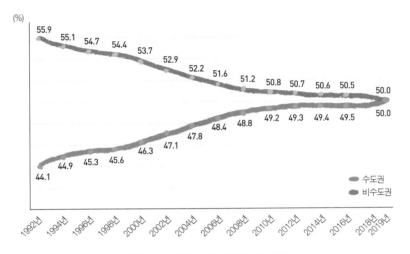

자료 37 **수도권과 비수도권의 인구 비율 추이**
1990년대 이후 비수도권에서 수도권으로 인구 이동이 꾸준히 일어났고, 2019년에는 그 비중이 역전된다.
(《주민등록 인구 현황》, 행정안전부)

을 보인다. 2019년을 기점으로 수도권 인구가 비수도권을 넘어서기 시작했다. 전 국토의 약 10퍼센트를 차지하는 곳에 과반수 국민이 거주하는 것이다.

탈서울 vs 수도권 집중화

이러한 현상을 좀 더 세부적으로 살펴보기 위해 수도권 내부의 지역별 인구 증감을 살펴봤다. 2000년 이후 서울 인구는 전체 기간 동안 감소하고 있었다. 하지만 줄어드는 서울 인구를 능가하는 인구 유입이 경기도에서 꾸준히 나타났다. 1990년대 경기도 분당·일산·평촌 등을 중심으로 이루어진 1기 신도시 사업에 이어 2003년 참여정부에서도 서울 집값 상승을 제어하고 인구 분산을 위해 경기도 김포와 동탄을 포함한 2기 신도시 사업을 추진했다. 이때 수도권지역에서 총 열 곳이 신도시로 개발됐다. 결과적으로 탈서울은 일부 성과를 보였지만, 수도권에 그 이상의 인구가 유입되는 현상이 지속됐다. 한편 수도권은 아니지만 2012년부터 세종시 인구가 증가하면서 부분적으로는 수도권 인구 분산에 긍정적인 영향을

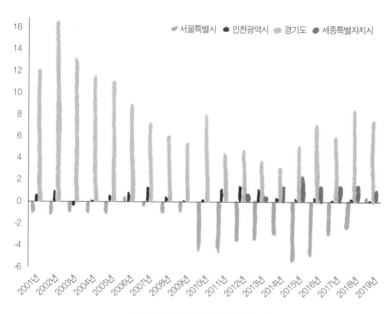

자료 38 연도별 수도권 인구 증감 추이
2000년 이후 수도권 전체 인구가 증가하는 상황에서 서울 인구는 전반적으로 감소하고 있다.
《국내 인구 이동 통계》, 통계청

미친 것으로 볼 수 있다.

그렇다면 우리 사회에서 수도권 문제와 관련된 사회적 논의는 언제부터, 얼마나 심화됐을까? 이러한 양상을 살펴보기 위해 지난 30년간 수도권을 키워드로 한 뉴스 기사를 분석했다. 관련 기사의 양은 1993년 이후 꾸준히 증가하고 있는데, 특히 2008년의 기사량은 이전 시기와 확연히 차이가 나는 것을 알 수 있다.

제일 큰 차이는 2008년 이전에 가장 많이 언급된 단어인 '균형발

인천 전북 공장총량제 우리나라 상대적
경쟁력 경기도 규제완화
정비계획법 균형발전 한나라당
참여정부 행정수도
건설교통부 공공기관 신도시
지방이전 충청권 지방분권 강원 광주

1990~2007년 수도권 연관어

호남 경기도 전남 광주 인천 대구 제주
충청 매립지 규제완화 강원 미세먼지
매립지관리공사 지자체
환경부 지역균형발전협의체 국가균형발전
정비계획법 국토교통부 미세먼지 비상저감조치

2008년~현재 수도권 연관어

**자료 39 2000년대 중반까지 부각된 균형발전 이슈와
후반 이후 대두된 규제완화 이슈**
(1990. 1. 1.~2020. 1. 26., 한국언론진흥재단 빅카인즈 서비스 추출)

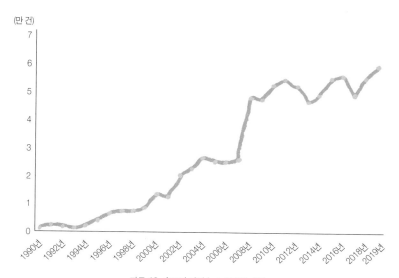

자료 40 수도권 관련 뉴스 기사량 추이
1990년부터 꾸준히 증가해 온 수도권 관련 기사는 2008년을 기점으로 급증하는 양상을 보인다.
(한국언론진흥재단 빅카인즈 서비스 추출)

전'이 2008년 이후에는 '규제완화'로 나타난 것이다. 이는 2002년 출범한 노무현 정부가 야심차게 추진했던 국정 과제인 국가균형발전 정책과 관계가 있다. 정부 부처와 공공기관의 지방혁신도시 이전을 통해 서울과 지방의 상생을 도모하고자 했던 정책이었지만 추진은 쉽지 않았다. 한편 1994년부터 산업기반을 지역으로 분산시키기 위해 시행된 공장총량제는 수도권에 새로 지을 공장의 건축면적을 총량으로 설정하고 이를 초과하는 공장의 신축과 증축을 규제해 왔다.

수도권에 대한 기사가 2008년부터 급증한 것은 이명박 정부의 출범과 깊은 연관이 있다. 가장 많이 언급된 '규제완화'에서 드러나듯이, 당시 우리 사회에는 개발에 대한 희망과 우려가 교차하고 있었다. 이명박 정부가 내세운 공약에는 '한반도 대운하' 등 새로운 건설과 개발에 관한 내용이 대거 포함되어 있었다. 다시 과거의 개발 시대로 회귀하는 것이 아닌가 하는 우려도 컸지만, 수도권 정비계획법에 대한 완화를 요구하는 목소리는 계속되고 있었다. 정비계획법은 1982년 시행 이래 수도권 관련 규제의 최상위 법이었다.

인구 변동과 기사 내용을 종합적으로 보면 국가균형발전 정책의 성패를 논하기는 아직 이르지만, 적어도 정책 목표 중 하나인 수도권 인구 분산만큼은 성공이라 말하기 어려운 것이 현실이다. 아울러 수도권과 관련된 전반적인 논의의 방향이 규제완화를 중심으로 나타나는 것을 보더라도 당분간 현재와 같은 개발 중심의 맥락에서 크게 벗어나기는 쉽지 않을 듯하다. 안 그래도 과밀한 수도권임에도 개발을 위한 규제완화 요구가 지속되는 이유는 무엇일까. 개발을 통해 얻을 수 있는 가치 상승의 기대도 있었겠지만, 이와 함께 과밀로 인해 저하된 삶의 질이 미친 영향도 적지 않은 까닭일 것이다.

수도권 외 지역 거주민의 자긍심을 높이려면

———

개인을 위해서든 조직을 위해서든 자원의 효과적인 배분은 성공적인 과업 수행의 필수 요소이다. 과밀한 수도권이 내포하고 있는 문제는 주거와 교통 등 일상의 불편은 물론이고 생활 필수 비용의 증가나 환경문제에 이르기까지 광범위하다. 이와 함께 물리적 거리를 넘어서는 지역 간 마음의 거리도 쉽게 좁혀지지 않는다. 뚜렷한 차이를 통해 개선의 근거를 찾을 수 있는 물리적 자원의 문제보다 더 해결의 실마리를 찾기 힘든 게 중앙 지향적 인식이다. 지방자치제가 자리를 잡으면서 지역 소속감은 전에 비해 공고해졌지만, 자긍심의 제고로 이어지기엔 시간이 필요해 보인다.

다행히 새로운 시도들이 등장하고 있다. 자신이 살아가는 지역의 마을과 동네에서 '우리'의 문제를 효과적으로 다루기 위해 출발한 생활공동체 실험이 대표적이다. 발전 지향적인 경쟁 가치로부터 거리를 두고, 생활 근거지에 살고 있는 시민들의 자발적 참여에 기반을 둔 생활 자치 프로그램들도 생겨나고 있다. 나와 역사를 함께한 동네가 갖는 고유한 의미를 되새기고, '우리 동네'를 재발견하면서 공동체적 삶이 가져다줄 수 있는 기쁨을 체득하는 사례가 늘고 있는 것은 반가운 일이다.

이와 함께 새로운 시각에서 가능한 대안을 마련하기 위한 노력도 계속되고 있다. 한종호 강원창조경제혁신센터장은 강원도가 처한 어려움을 극복하기 위해 고민 끝에 '관계인구'를 제시한다. 강원도는 국토의 6분의 1이나 되는 면적을 차지하고 있지만, 인구는 전체의 3퍼센트에도 못 미치고 그로 인해 대부분의 경제 지표도 3퍼센트의 한계를 넘어서지 못한다. 하지만 천혜의 자연환경을 기반으로 방문자 수는 매년 증가하고 있다. 한종호 센터장은 이러한 강원도의 특성을 기반으로 일종의 징검다리 개념인 관계인구를 소개한다. 관계인구는 여행이나 방문 등을 계기로 그 지역을 좋아하게 된 '교류인구'와 해당 지역으로 이주해 살고 있는 '정주인구'의 중간쯤에 있는 사람들이다. 즉 처음부터 이주를 통한 정주인구의 증가를 계획하기보다는 지역에서의 경험을 확대하면서 자연스럽게 유입으로 유인하는 정책이 필요하다는 것이다. 지역이 가진 낯섦을 줄여 주고 이주민들에게 연착륙할 수 있는 제도적 기반을 우선 고려하는 것이다. 충분히 납득 가능하고 현실적인 대안이라 생각된다.

어디에서 삶을 영위할 것인지에 대한 문제는 오롯이 개인 선택인 것처럼 보이지만 그러한 선택을 할 수밖에 없게끔 만든 구조적 압력이 존재하기에 조직적인 문제이기도 하다. 때문에 개인이 아닌 정책적 지향과 제도의 마련이 필요하다. '자녀 교육을 위해서' '직장 생활을 위해' '보다 많은 문화적 기회를 얻기 위해'와 같은 개인적 선택 이전의 전제들을 지역에서도 충분히 충족시켜 주는 정책적 노력이 있어야 한다. 그래야 개인들 나름의 합리적 선택이 집합적 비합리가 아닌 예상 가능한 합리적 결과로 이어질 수 있을 것이다.

8장

부동산 정책을 바라보는 눈

배영

숭실대학교 정보사회학과 교수를 거쳐, 현재 포스텍 인문사회학부 교수로 재직 중이다. 한국정보사회학회 회장을 맡고 있으며 저서로는 《지금, 한국을 읽다》 《압축 성장의 고고학》^(공저) 《소셜미디어 시대를 읽다》^(공저) 《사회자본》^(공역) 등이 있다.

부동산 정책을 바라보는 눈

2020년 7월부터 30대가 부동산 패닉 바잉을 주도한다는 언론보도가 이어졌다. 정부의 다양한 대책에도 쉽게 진정의 기미가 보이지 않는 패닉 바잉은 최근 부동산시장을 상징하는 말이 됐다. 패닉 바잉이란 가격 상승의 기대나 부족한 공급 물량을 우려하여 현재 상황에 무리가 되더라도 구매를 시도하는 공황 구매 행위를 의미한다. 패닉 바잉과 같은 묻지마식 투자는 단기간의 고수익을 기대하며 위험을 감수하는 특성이 있다. 하지만 일반적인 묻지마식 투자와 비슷하면서도 초조함과 절박함이 한층 더한 느낌이다. 사회 전반에 걸쳐 일어났던 묻지마식 투자로는 1990년대 말 IMF 경제위기에 나타났던 벤처 투자가 있다. 신화처럼 회자되는 성공 사례도 있지만, 대부분의 투자자들에겐 벤처 거품이 꺼지면서 절망의 시기로만 기억될 것이다.

물론 그때와 지금의 투자 대상은 다르다. 벤처 투자가 주로 주식의 형태였다면, 부동산은 영속성과 내구성을 갖는 가시적인 실물이다. 또 사유재이지만 공공재적 특성도 있기에 폭락과 같은 투자 실패의 가능성이 상대적으로 낮고, 한정된 수요가 아니라 누구에게나 필요한 보편적 자원이라는 특성도 갖는다. 하지만 구매와 관련한 불확실성과 초조함은 이전 벤처 투자 때와 비슷하다. 부동산 가격 안정을 위한 정부의 강경책에도 여전히 줄지 않는 투자 욕구나 지금이라도 집을 마련하지 않으면 앞으로 더 힘들어질 거라는 불안감은 여전하기 때문이다. 조사업체 케이스탯^{Kstat}의 조사 발표에 따르면, 국민의 56퍼센트가 앞으로 부동산 가격이 계속 상승할 것이라고 대답했다. 가격이 떨어질 것이라는 응답은 16퍼센트에 불과했다. 혼란의 시기가 계속되는 와중에 데이터에 담긴 부동산 이슈의 흐름과 사람들의 생각을 분석해 봤다.

공급 확대보다는 수요 감소를 위한 규제정책이 지배적

먼저 한국언론진흥재단의 빅카인즈^{Big Kinds} 서비스를 이용해 2018년 1월부터 2020년 8월까지 부동산 정책과 관련해 생산된 기사 건수의 추이를 살펴봤다. 부동산, 그중에서도 주택 관련 대책의 전반적인 특성을 살펴보기 위해 기사의 추출은 11개 중앙일간지를 대상으로 했고, '부동산'과 '정책'이 포함된 기사 중 '주택'이나 '아파트'를 키워드로 해 추출했다. 기간 내 부동산 정책과 관련해 추출된 총 기

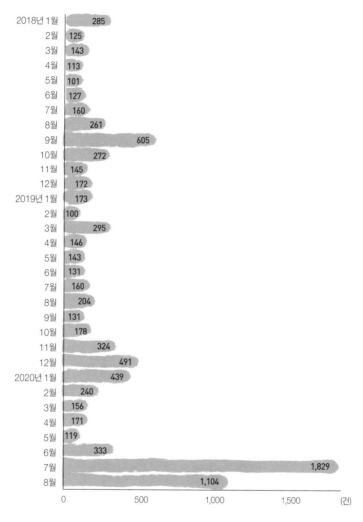

2018년 1월	285
2월	125
3월	143
4월	113
5월	101
6월	127
7월	160
8월	261
9월	605
10월	272
11월	145
12월	172
2019년 1월	173
2월	100
3월	295
4월	146
5월	143
6월	131
7월	160
8월	204
9월	131
10월	178
11월	324
12월	491
2020년 1월	439
2월	240
3월	156
4월	171
5월	119
6월	333
7월	1,829
8월	1,104

자료 41 부동산 정책 관련 뉴스 건수의 추이

부동산 정책 관련 뉴스의 경우 일반적으로 정부의 부동산 관련 대책이 나타나는 시기에
증가하는 양상을 보인다. 특히 '임대차 3법'과 후속 논의가 나타난 2020년 7월과 8월에는
이전과는 확연한 차이를 보여 그 어느 때보다 뜨거운 관심이 나타난 것으로 판단된다.
(2018. 1. 1.~2020. 8. 25., 기간을 대상으로 한국언론진흥재단의 빅카인즈 서비스를 활용 추출)

사 건수는 약 9,900건이었다. 2018년 9월과 2019년 12월에 증가 양상을 보이던 기사 수는 2020년 7월에 급증했다.

2018년 9월에는 갭투자를 규제하기 위해 고가주택 세율을 인상하고 대출을 제한하며 양도세와 비과세 기준도 강화하는 등 금융 규제(9.13 부동산 대책)와 함께 수도권지역에 주택 30만 호를 공급하겠다는 9.21 대책이 기사의 주 내용이었다. 그다음으로 기사 건수가 늘었던 2019년 12월에는 총 30개에 달하는 종합규제방안(12.16 대책)이 발표됐다. 또 2020년 7월에는 임대차 3법 입법과 함께 행정수도 이전 논의를 포함해 다양한 대책이 발표됐다.

부동산 관련 정책이 이처럼 계속 마련되었다는 점은, 달리 표현하면 정부가 목표했던 바를 성취하지 못했다는 반증이다. 사실 부동산 문제를 해결하는 가장 원론적인 방법은 수요를 감소시키거나 공급을 확대하는 것이다. 일반적으로 수요와 공급은 가격과 밀접하게 연관되어 있다. 하지만 부동산 영역에서는 그렇지 않았다. 다양한 정책을 통해 아파트를 포함한 주택을 대규모로 공급해도 가격은 좀처럼 떨어지지 않았다. 오랫동안 사람들의 뇌리에 자리 잡은 부동산 불패 신화가 늘 공급을 초과하는 예비 수요로 나타났기 때문이다.

다음으로 정부의 정책적 흐름이 규제와 공급 중 어떤 영역을 중심으로 나타났는지 살펴봤다. 이를 위해 전체 부동산 관련 기사에서 80개의 세부 주제를 추출하고, 그중 규제와 공급 정책 관련 기사를 묶어 클러스터 분석을 실행했다. 결과를 보니 두 가지 흐름이 관찰됐다.

자료 42를 보면 공급에 대한 기사보다는 규제 관련 내용의 기사 비중이 훨씬 높았다. 공급정책이 시장 유인적 성격인 반면, 규제정책은 강제적 성격을 가진다는 점에서 시장의 안정을 위해 부동산의 공공재적 측면을 강조한 정책 기조가 드러난 것으로 판단된다.

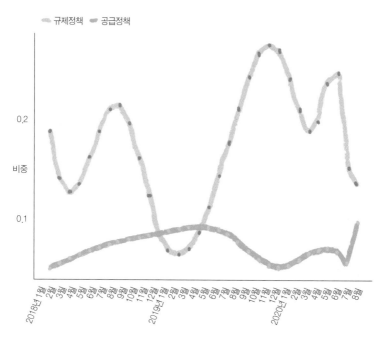

자료 42 **부동산 정책 중 규제정책과 공급정책 관련 뉴스 비중 추이**(월별 1일 기준)
2019년 초반을 제외하고는 부동산 관련 기사에서 소유 제한과 과세 중심의
규제정책 내용이 큰 비중으로 다뤄졌다.
(2018. 1. 1.~2020. 8. 25., 기간을 대상으로 한국언론진흥재단의 빅카인즈 서비스를 활용 추출)

앞의 자료 41의 전체 부동산 관련 기사 건수의 추이와 함께 비교하면 공급정책 관련 기사보다는 규제 관련 정책 기사가 전체 관련 기사의 추이와 밀접하게 연관된 것을 발견할 수 있다.

공직자의 이중적 태도에 분노하는 국민

이번에는 부동산 이슈에 대한 개인들의 인식을 파악하기 위해 2019년 1월 이후 뉴스 댓글에 나타난 양상을 분석해 봤다. 분석을 위해 온라인상의 다양한 의견을 수집, 가공할 수 있는 닐슨미디어코리아의 버즈워드 분석 도구를 활용해 부동산 관련 뉴스 댓글을 추출한 후 감성분석Sentimental Analysis을 통해 부정적 의견과 긍정적 의견의 수와 상대적 비중을 측정했다.

분석 결과 전반적으로 부정적 의견이 긍정적 의견에 비해 높았다. 부동산 관련 사안을 두고 불만과 함께 정책에 대한 지지보다는 비판적 의견이 훨씬 높게 나타난 것으로 판단된다. 아울러 부정적 의견 수 역시 2020년 6월 이후 급증하는 양상을 보인다. 가장 많은 부정적 댓글이 나타난 것은 7월 7일이었는데, 이때의 주요 사안은 다주택자인 청와대 고위공직자의 처신에 관한 것이었다. 7월 18일에도 부정적 의견이 급증했다. TV 토론회에 출연했던 여당의 국회의원이 방송 종료 후 부동산 가격이 떨어지지 않을 것이라고 말한

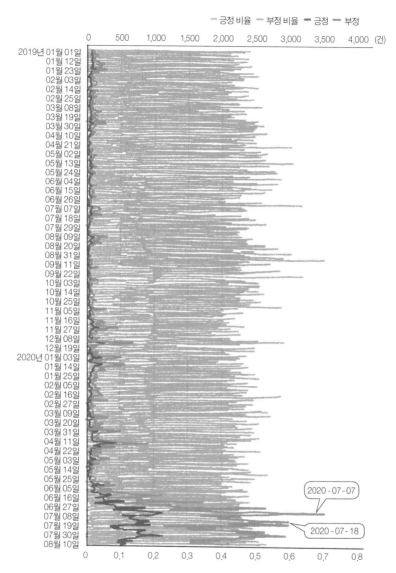

자료 43 부동산 뉴스 댓글에 대한 감성분석 결과
부동산 관련 뉴스에 대한 댓글을 분석해 보니 부정적 정서가 지속적으로 높게 나타났으며,
특히 2020년 7월에 부정적 의견을 담은 댓글이 폭발적으로 증가했다.
(2019. 1. 1.~2020. 8. 14., 기간을 대상으로 닐슨코리아의 버즈워드 시스템을 활용해 추출)

게 온라인을 통해 알려지면서 국민의 분노를 산 것이다. 두 사안 모두 부동산 관련 정부 정책의 효과와 진정성을 의심하게 되는 일이었다.

한편 국민들이 부동산과 관련해 어떤 어려움을 겪고 있고 궁금해하는 사항이 무엇인지, 포털사이트인 네이버, 다음, 네이트 지식검색을 통해 살펴봤다. 지식검색은 일반 이용자가 질문을 등록하면 다수의 이용자가 답변해 주고, 가장 만족스러운 대답을 질문자가 채택하는 방식으로 활용된다. 일반 이용자에 의해 답변이 이루어지기도 하지만, 관련 분야의 전문가가 자발적으로 의견을 내기도 한다.

부동산 관련 불만이 급증했던 2020년 6월 이후로 분석 대상 시기를 설정해 지식검색에서의 질의 내용을 분석했다. 부동산과 관련한 질문이 가장 많이 나타난 시점은 7월 31일이었다. 이때는 여당 단독으로 임대차 3법에 대한 국회 통과가 이루어진 직후였는데, '계약갱신청구권제'와 '전월세상한제' 도입을 골자로 한 주택임대차보호법 내용과 시행 시기에 대한 문의를 중심으로 총 946개의 질문이 나타났다. 계약갱신청구권제는 주택임대차 계약기간이 끝나도 세입자가 재임대를 원할 경우 임대인에게 계약갱신을 청구할 수 있도록 하며, 전월세상한제는 전세와 월세 인상률에 상한선을 두고 일정한 범위 내로 제한하는 제도이다. 7월 31일 다음으로 많은 질문이 나타난 때는 8월 4일로 서울과 수도권지역의 추가 주택 공급

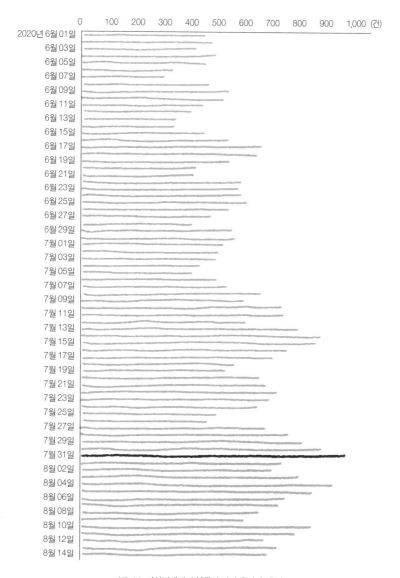

자료 44 **지식검색에서 부동산 관련 응답 수 추이**
가장 많은 건수가 나타난 2020년 7월 31일, 임대차 3법의 세부 내용에 대한 질의응답이 주를 이뤘다.
(2020. 6. 1.~2020. 8. 14., 기간을 대상으로 닐슨코리아의 버즈워드 시스템을 활용해 추출)

과 재건축 완화 대책이 발표된 직후였다.

　전체 분석 기간 중 지식검색의 질문 내용을 살펴보니, '전세' '대출' '아파트' '전세대출' '은행' 등이 가장 빈번하게 출현했다. 임대차 3법의 시행과 관련해 일반 국민들이 궁금해하고 염려하는 지점을 해결하기 위한 세부 내용과 적용 사례에 대한 정부의 안내가 더 필요해 보이는 부분이었다.

　부동산 문제에 있어서는 국민 모두가 이해관계자이다. 그렇기에 모두가 만족하는 획기적인 방안을 마련한다는 건 거의 불가능한 채 오랫동안 우리 사회의 난제로 작용했다. 내용으로는 경제적 사안이지만 이미 정치적 사안이 됐다. 분석에서도 나타나듯이 부동산을 둘러싼 국민의 분노는 급등하는 집값보다 공직자들의 이중적 태도를 보면서 폭증한 것이다. 정책을 입안하고 시행하는 사람들이 국민을 어떻게 여기고 있는지 알았기 때문이다.

　그간 집값을 안정화하기 위해 활용된 규제 중심의 정책은 수도권을 중심으로 한 특정 지역의 수요 감소가 목표였다. 하지만 첩첩이 마련된 규제 조치를 뛰어넘는 수요가 존재했기에 시행된 정책은 갈 길을 잃어버렸다. 그렇다면 새로운 사회적 조건에 부합하는 창의적 공급정책으로 무게중심을 옮겨 갈 필요가 있다. 1인 가구가 급증하고 고령화사회로 진입한 우리의 주거 환경은 분명 이전과 다른 고려사항이 되어야 하기 때문이다.

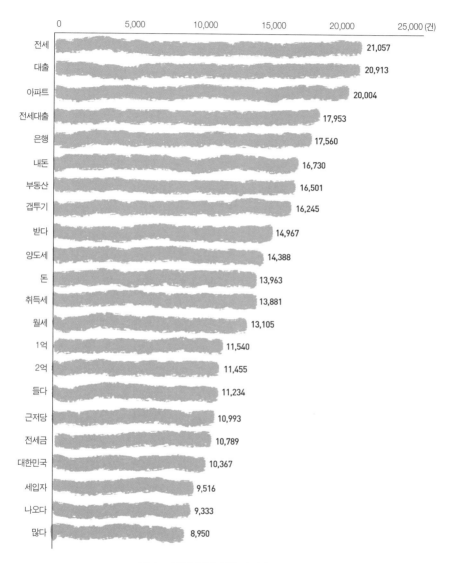

자료 45 **지식검색어에서 부동산 관련 연관어 비중**
가장 높은 비중을 차지한 것은 '전세'와 '대출'이었다.
여유자금의 운용이 아니라 지금 당장 살 집에 대한 고민이 묻어난다.
(2019. 1. 1.~2020. 8. 14. 기간을 대상으로 닐슨코리아의 버즈워드 시스템을 활용해 추출)

9장

코로나19로 급부상하는
동영상 콘텐츠

최홍규

고려대학교 언론학 박사를 마치고 한국인터넷진흥원KISA 선임연구원을 거쳐 현재 EBS 정책기획부 연구위원으로 재직 중이다. 미디어·ICT 산업, 빅데이터, 미디어와 커뮤니케이션으로 인한 사회현상에 관심이 많다.

저서로 《푸드 초이스》《인터넷 산업의 미래, 함께 묻고 답하다》(공저) 《소셜 콘텐츠의 흥망성쇠》(공저) 《빅데이터 마이닝을 활용한 미디어 분석 방법》《콘텐츠 큐레이션》 등이 있다.

코로나19로 급부상하는 동영상 콘텐츠

코로나19로 사람들이 집에서 보내는 시간이 많아졌다. 이렇게 변화된 일상에서 늘어난 여유시간을 채우기 위해 우리는 새로운 소일거리를 찾기 시작했고 자연스럽게 넷플릭스나 유튜브 같은 동영상 콘텐츠 소비 시간도 길어졌다. 사회적, 물리적 거리 두기 기간 동안 이런 동영상 콘텐츠 소비는 얼마나 늘었을까? 사람들은 어떤 동영상 콘텐츠를 즐겨 봤을까? 데이터를 통해 코로나19가 낳은 비대면 사회의 동영상 콘텐츠 소비 양상을 살펴보고 향후 어떠한 콘텐츠나 서비스가 관심을 받을지 알아보자.

많이 본 동영상은 '국내' '시리즈' '범죄스릴러'

우선 국내에서 가장 많이 이용되는 동영상 서비스의 이용자 수 추이를 살펴봤다. 지난 2020년 1년간의 변화를 살펴보면, 자료 46이 보여 주듯 유튜브 이용이 다른 서비스에 비해 월등히 많아진 것을 확인할 수 있다. 특히 코로나19가 본격화된 3월을 기점으로 유튜브와 넷플릭스 이용자 수가 유독 증가했다. 이처럼 유튜브와 넷플릭스 이용자 방문 횟수와 이용 시간이 늘어나면서 후발 주자인 웨이브 같은 국내 서비스와의 격차가 벌어졌다. 코로나19가 전 세계적으로 영향을 미치는 상황에서 국내 지역에 한정된 우리나라 서비스에 비해 전 세계 국가를 대상으로 하는 글로벌 서비스가 더욱 다

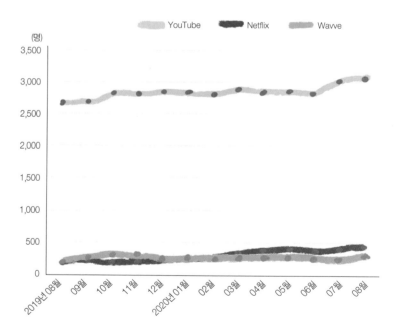

자료 46 주요 동영상 서비스 순이용자 수 추이
코로나19를 겪으며 국내 서비스와 유튜브와 넷플릭스의 순 이용자 수는 더욱더 격차가 벌어졌다.
(닐슨코리아 모바일 이용 행태 측정 데이터(안드로이드 기준))

채로운 콘텐츠를 선보였기 때문으로 풀이된다.

국내외 서비스 간 격차가 벌어진 분기점은 국내에서 코로나19로 인해 첫 사망자가 발생한 2020년 2월 이후, 마스크 5부제와 사회적 거리 두기 캠페인 등이 본격적으로 시작된 3월이었다. 코로나19의 확산이 사회적 파장을 불러온 시기부터 유튜브와 넷플릭스의 이용자 수는 더욱더 증가 추세를 보이며 국내 서비스들과 격차를 벌렸다.

그렇다면 사람들은 유튜브와 넷플릭스에서 어떤 동영상을 즐겨 봤을까? 부처님오신날(2020년 4월 30일), 근로자의날(5월 1일), 어린이날(5월 5일)이 이어진 황금연휴가 끝난 5월 6일자 국내 넷플릭스 동영상 10위까지의 콘텐츠를 살펴보면, 상위 동영상 10개를 요약한 키워드는 '국내' '시리즈' '범죄스릴러' '로맨스' 등으로 나타난다. 코로나19 기간의 연휴 동안 사람들은 국내에서 생산된 시리즈물 중에서도 범죄스릴러, 로맨스물을 즐겨 본 것이다.

국내 콘텐츠를 즐겨 보는 이유는 언어적, 문화적 거리가 가까워 이해가 쉽기 때문일 것이다. 그런데 국내 콘텐츠 중에서도 단편작이 아닌 장편의 시리즈물, 그중에서도 범죄스릴러물을 선호하는 이유는 무엇일까? 콘텐츠에 담긴 언어와 문화는 이해와 공감이 쉬운 것을 선택하면서도 내용상으로는 몰입을 지속할 수 있는 드라마 장르를 소비하고 싶어 하기 때문이다. 범죄스릴러는 주로 마니아층이 뚜렷한 장르인데, 비대면 상황이 길어지면서 평소 주목받지 못했던 장르물이 다수 이용자에게 선택받은 탓도 있다. 물론 대부

Top10

Top10

자료 47　2020년 5월 6일자 넷플릭스 기준 국내 동영상 10위권과 주요 콘텐츠
코로나19 확산기(19년 12월~20년 4월)에 사람들이 넷플릭스 앞으로 몰려들 무렵,
주요 콘텐츠 키워드는 '국내' '시리즈' '범죄스릴러' 순으로 꼽을 수 있다.
(2019. 12. 1.~2020. 4. 26., 구글트렌드)

분의 이용자들이 예능, 버라이어티를 시청하기는 하지만, 격리된
공간에서는 몰입감 높은 내용의 콘텐츠를 선택해 장시간 소비하는
것이 시간을 빨리 가는 것처럼 느끼게 하기 때문에 더욱 선호하는
것으로도 해석할 수 있다.

짧게 편집된 유튜브 콘텐츠일수록 인기

코로나19 사태가 길어지면서 유튜브 서비스 내에서도 유독 조회수와 구독자 수가 폭발적으로 늘어난 유튜브 채널이 있다. 바로 기존 방송 기반의 채널이다. 조회수와 구독자 수를 기준으로 국내에서 영향력이 높아진 방송 기반의 상위 채널을 살펴보면 지상파 방송사와 종편, 유료 방송에서 운영하는 엔터테인먼트형 유튜브 채널이 눈에 띈다.

2020년 1월부터 MBC, JTBC, KBS, tvN이 운영하는 엔터테인먼트형 유튜브 채널은 모두 최근 3년 내 조회수 최고치를 기록했다. 특히 MBC엔터테인먼트MBC Entertainment는 1월에 전월 대비 2.5배 급증한 조회수를 기록했고, JTBC드라마JTBC Drama는 조회수와 구독자 수가 각각 급증했으며, 드라마 채널인 tvN은 조회수가 지난 3년간 최저치 대비 11배 급증했다.

코로나19가 본격적으로 확산된 기간 동안 영향력이 커진 유튜브 채널 중에서도 공통된 콘텐츠 트렌드를 찾을 수 있다. 유튜브라는 플랫폼 특성에 맞춰 짧게 편집된 쇼와 드라마 장르가 인기를 끈 것이다. 유료 구독형 서비스인 넷플릭스와 달리 유튜브는 광고가 붙은 무료 동영상 서비스 이용 비중이 높다. 때문에 소비자는 장시간 콘텐츠를 계속 시청하지 않는다. 따라서 유튜브에서는 짧은 영상으로 구성된 다종·다수의 콘텐츠가 빠르게 소비되는 것이 특징이다.

	주요 특징
MBC Entertainment	2020년 1월: 최근 3년 내 조회수 최대치인 조회수 4억 9,000만 뷰 기록(전월 대비 2.5배 급증)
JTBC Drama	2020년 4월: 조회수와 구독자 수 동반 급증, 조회수 2억 1,000만 뷰 기록, 구독자 수 21만 명 증가(최근 3년 내 최대치 경신)
JTBC Entertainment	2020년 5월: 3억 1,000만 뷰 기록(최근 3년 내 조회수 최대치 경신)
KBS World	2020년 8월: 3억 500만 뷰 기록(최근 3년 내 조회수 최대치 경신)
tvN D ENT	2020년 8월: 최근 3년 내 조회수 최대치인 3억 2,000만 뷰 기록 (최저치 대비 11배 급증)

자료 48 코로나19 기간 동안 영향력이 급격히 높아진 국내 방송 기반 유튜브 채널
코로나19 기간 동안 국내 주요 지상파와 종편·유료 채널에서 운영하는
엔터테인먼트형 유튜브 채널 이용량이 눈에 띄게 늘어났다.
(2020. 9. 30. 기준, 유튜브 통계 사이트 소셜블레이드(Social Blade))

한편 국내 유튜브 채널에서 방탄소년단을 중심으로 하는 케이팝 K-POP의 위력도 지속되고 있다. 2020년 영향력이 상승한 국내 유튜브 채널 10개를 놓고 봤을 때, 각각 상위 조회수 동영상 세 개를 뽑아 보면 방탄소년단이 출연한 동영상은 3분의 1인 아홉 개에 달한다. 이로써 국내 유튜브 채널의 인기를 방탄소년단이 견인하고 있다고 봐도 무방해 보인다.

어린이들을 위한 유튜브 채널의 인기도 지속됐다. 남녀노소 예외가 없는 팬데믹 상황에서 상대적으로 나이가 어린 콘텐츠 이용자들에게 유튜브가 일종의 놀이 도구이자 친구 역할을 대체하고 있다. 따라서 상대적으로 어린 이용자들을 대상으로 하는 유튜브 채널의 조회수는 견고하게 유지되는 흐름을 보였다.

비대면 사회 '집콕' 족은 어떤 콘텐츠를 원할까

———

이처럼 비대면 사회의 동영상 콘텐츠 소비 양상은 '오락성, 지속성, 단순성'으로 정리된다. 심각하고 어려운 내용이어도 분명 오락적 요소가 가미되어 있고, 콘텐츠는 길이에 상관없이 지속해서 몰입할 수 있는 형태가 인기를 끌고 있다. 코로나19 확산 초기에는 전염병에 대한 두려움으로 정보 추구형 콘텐츠로의 쏠림현상이 일어났으나, 코로나19 장기화와 비대면 사회의 정착으로 점차 사람들은 재미있고 연속적으로 시청할 만한 단순한 내용의 콘텐츠를 선호하고 있다. 다시 말해 시간 때우기, 킬링 타임 콘텐츠의 선호가 두드러진다.

하지만 코로나19 초기에 유튜브와 넷플릭스 이용이 늘어난 이유가 단지 콘텐츠 내용이나 장르 때문만은 아니다. 같은 콘텐츠라고 해도 넷플릭스나 유튜브 서비스에 공개되면 그 시청률이 늘어나는 이유는 무엇일까? 바로 이용자가 선호하는 콘텐츠를 큐레이션해 주는 서비스 때문이다. 즉 이용자들은 자신이 스스로 내용과 장르를 선택하기도 하지만 콘텐츠 큐레이션 기능이 강력한 서비스에 의존하여 콘텐츠를 추천받고 싶은 욕구도 있는 것이다. 같은 시간을 소비하더라도 콘텐츠 시청에 시간을 더 소비하고자 하며, 콘텐츠 선택 과정에는 비교적 시간을 덜 쓰고자 하는 경향을 볼 수 있다.

미래를 알 수 없는 전염병의 확산, 그로 인한 비대면·비접촉 생활의 정착, 연휴나 명절에도 집콕밖에 할 수 없는 사람들은 '더 재

순위	채널명	동영상 조회수 상위 TOP 3 (괄호 안은 장르)		
		1위	2위	3위
1	Big Hit Label	〈DNA〉 (뮤직비디오) (BTS 출연)	〈작은 것들을 위한 시〉 (뮤직비디오) (BTS 출연)	〈FAKE LOVE〉 (뮤직비디오) (BTS 출연)
2	BLACKPINK	〈뚜두뚜두〉 (뮤직비디오)	〈Kill This Love〉 (뮤직비디오)	〈붐바야〉 (뮤직비디오)
3	MBC Entertainment	〈진격의 119〉 (정보)	〈아마존의 눈물〉 (다큐)	〈2016 가요대제전〉 (쇼) (BTS 출연)
4	서은이야기	〈엄마가 초콜렛을 사왔어요!!〉(예능)	〈용암 탈출놀이〉 (예능)	〈프링글스를 먹으 면 무엇으로 변할까 요?!!〉(예능)
5	Mnet K-POP	〈ANPANMAN〉 (쇼) (BTS 출연)	2016 MAMA 〈FIRE〉(쇼) (BTS 출연)	M COUNTDOWN 〈GOGO〉(쇼) (BTS 출연)
6	1theK (원더케이)	〈FIRE〉 (뮤직비디오) (BTS 출연)	〈DOPE〉 (뮤직비디오) (BTS 출연)	〈뿜뿜〉 (뮤직비디오)
7	JYP Entertainment	〈TT〉 (뮤직비디오)	〈LIKEY〉 (뮤직비디오)	〈What is Love?〉 (뮤직비디오)
8	SBS Entertainment	〈세계1위 여자 보디빌더 '지연우'〉 (예능)	2016SAF 가요대전 1부 〈휘파람(Whistle) X TT X Monster〉(쇼)	판타스틱 듀오 〈보여줄게〉(쇼)
9	tvN Drama	〈김비서가 왜 그럴까〉 (드라마)	〈하백의 신부〉 (드라마)	UNDERWATER KISS l Jo Boh Ah♥Song Jae Rim (드라마)
10	SonicToy 소닉토이	〈카봇 트랜스포머 디즈니카 미끄럼틀 놀이〉(예능)	〈헬로카봇 컬러 휴지 미끄럼틀 타요〉 (예능)	〈헬로카봇 40대 변신 동영상〉 (예능)

자료 49 코로나19 기간을 거치며 영향력이 커진 유튜브 채널 순위와 동영상
2020년 영향력이 상승한 국내 유튜브 채널 10개 중 방탄소년단이 출연한 동영상은 9개로 가장 많다.
(2020. 9. 30., 소셜블레이드)

미있는' 콘텐츠를 '더 빠르게' 찾아보기를 원한다. 코로나19 기간 동안 유튜브와 넷플릭스는 콘텐츠 큐레이션 기능을 더욱 강화해 가며 이러한 콘텐츠 이용 욕구를 해소해 주고 있는 셈이다.

이러한 현상을 토대로 향후 또 다른 형태의 팬데믹이 닥쳐왔을 때 사람들이 어떤 형태로 콘텐츠를 이용할지 예측해 볼 수 있다. 무엇보다도 사람들은 이용자 개개인의 맞춤형 서비스를 더 강화한 서비스에 주목할 것이다. 하루가 다르게 발전하고 있는 알고리즘 기술은 이용자들이 콘텐츠를 조회하며 쌓이는 데이터와 접목되어 보다 정확한 맞춤형 큐레이션 서비스로 거듭나고 있다. 이는 추천형 서비스에서 맞춤형 서비스로의 대대적인 전환을 예고한다. 이용자들은 날이 갈수록 견고해지는 맞춤형 큐레이션에 익숙해져 향후 팬데믹 상황에서는 더더욱 맞춤형 큐레이션 서비스를 찾을 것이다.

다음으로 이용자들은 새로운 콘텐츠 내용과 장르를 발견해 나갈 것이다. 이번 코로나19 상황에서 범죄스릴러물이 인기를 끌었듯 그간 주목받지 못했던 내용과 장르를 이용자들이 다시 발굴해 역주행하는 현상처럼 비대면 상황이 길어질수록 이용자들은 자신이 선호하는 콘텐츠의 내용과 장르에 대해 더욱 세분화한다. 즉 이용자 스스로 어떠한 콘텐츠를 오랜 시간 시청할 수 있는지, 재시청하는 콘텐츠의 내용과 장르는 어떤 유형인지 알아차리고 다수가 주목하지 않은 콘텐츠에도 주목하기 시작할 것이다.

마지막으로 콘텐츠 선택에 관여하는 이용자 연령이 더 낮아질 것이다. 팬데믹 상황은 남녀노소를 가리지 않고 모두를 독립된 공간에 머무르게 한다. 독립된 공간에 머무르는 동안 콘텐츠 선택에 관여하는 이용자의 연령대가 어릴수록 이들의 콘텐츠 선택 권한이 늘어날 수밖에 없을 것이다. 특히 '놀이'와 '장난감' 비율이 크게 차지하는 어린 이용자들에게 미디어 콘텐츠는 중요한 킬링 타임 도구이므로 이들이 선호하는 콘텐츠의 관심도와 주목도가 높아질 것으로 예상된다.

코로나19는 미디어 콘텐츠 이용 형태의 변화를 구분하는 분기점이다. 또 팬데믹 상황으로 인한 비대면 일상에서 어떠한 콘텐츠와 콘텐츠 제공 서비스가 부각될 수 있는지 그 가능성을 살펴보는 계기가 됐다. 포스트 코로나 시대에 사람들은 어떠한 콘텐츠에 더욱 주목할지 그 의미는 무엇인지, 특정한 사회현상으로 접근해 패턴을 발견할 수 있을 것이다.

10장

데이터 생산 강국의 현주소

조주행

삼성SDS 수석컨설턴트, 컴퓨터공학 박사, 포스텍 데이터사이언스포럼 기획위원, 행정안전부 산하 한국지능정보사회진흥원 4차산업혁명위원회 자문위원으로 활동 중이다. 공저로 《세상을 지배하는 알고리즘(보이지 않는 힘)》《(e-biz를 위한) IT솔루션 A to Z》가 있다.

데이터 생산 강국의 현주소

유명 연예인의 클라우드 계정에 보관된 메시지가 유출되면서 개인정보보호가 큰 이슈가 된 적이 있다. 현대판 개인금고라고도 할 수 있는 클라우드에 보관된 데이터가 얼마든지 외부로 유출될 수 있다는 우려가 실제로 나타나면서 '자의 반 타의 반'으로 클라우드에 개인정보를 저장할 수밖에 없는 스마트폰 이용자들은 불안할 수밖에 없다. 이미 3분의 1이 넘는 국민이 클라우드서비스를 이용하고 있고, 일상에서 발생하는 개인 데이터 중 저장되는 데이터의 양과 범위가 점점 더 빠르게 증가한다는 점을 고려하면, 이 사건은 단순 해프닝이 아니라 향후 벌어질 심각한 사회문제에 대한 사전경고로 받아들여야 한다.

한국, 디지털 생산 글로벌 5대 강국

정보통신기술 시장조사기관인 IDC^{International Data Corporation}는 전 세계에서 생산되는 연간 디지털데이터가 2025년에는 163조 기가바이트가 될 것으로 전망했다. 음악파일로 따지면 281조 5,000억 곡의 음악을 저장할 수 있는 용량이다. 디지털 시대에 걸맞게 지금 이 순간도 한국인은 어마어마한 디지털데이터를 생산하고 소비하고 있다. 능동적 정보 생산의 대표 채널인 유튜브에는 1분마다 400시간 분량의 동영상이 올라오고, 세계 최대 소셜미디어 중 하나인 인스타그램에는 분당 5만 5,000장의 사진이 올라온다. 와이즈앱의 2019년 8월 조사에 따르면, 국내 안드로이드 스마트폰 이용자들이 사용하는 1위 앱은 유튜브로 이용 시간은 총 460억 분이다. 2위는 카카오톡으로 220억 분, 3위는 네이버로 170억 분, 4위는 페이스북으로 45억 분이라고 한다. 한국인은 한 달에 895억 분, 즉 15억 시간을 모바일앱을 통해 디지털데이터를 생산하고 소비하는 데 쓴다.

미국 터프츠대학교^{Tufts University} 연구팀의 평가 결과에 따르면, 한국은 디지털 생산량 기준 5위로 글로벌 5대 강국에 속한다. 이 평가의 흥미로운 점은 각국의 경제력을 비교할 때 흔히 쓰이는 GDP^{Gross Domestic Product}(국민총생산) 대신 새로운 GDP^{Gross Data Product}(데이터총생산)를 사용한다는 것이다. 새로운 GDP는 데이터 생산량, 인터넷

1위	2위	3위	4위	5위	6위	7위	8위	9위	10위
미국	영국	중국	스위스	한국	프랑스	캐나다	스웨덴	호주	체코

자료 50 데이터 총생산량 기준 국력 순위

이용자 수, 데이터 접근 용이성, 1인당 데이터 소비량 네 가지로 평가된다.

개인이 생산하는 데이터 중 산업적 차원에서 가장 활용 가치가 높은 것은 개인정보이다. 건강보험공단과 건강보험심사평가원 두 기관이 보유한 의료 관련 개인정보는 2019년 5월 기준 6조 4,000억 건이다. 병원과 제약회사는 맞춤형 의료서비스와 신약 개발 등에 이런 데이터들을 활용하고 싶어 한다. 경제생활에서도 개인정보 활용성이 크다. 통계청에 따르면, 2019년 10월 한 달 동안 한국인이 물품 및 용역 구매에 사용한 신용카드와 체크카드 거래 건수는 20억 8,600만 건이다. 카드 결제 데이터를 들여다보면 개인의 소비 패턴은 물론 최신 트렌드까지 꿰뚫어 볼 수 있어 기업에 유리한 정보가 된다.

기술의 발달로 수집할 수 있는 개인정보의 범위도 늘어나고 있다. 유전자 정보를 통해 질병 발생 가능성까지 분석할 수 있게 되면서 사생활 침해, 인종차별, 성차별, 공권력 오남용 우려도 높아지고 있다.

프라이버시 패러독스가 보편화된 사회

———

농경사회를 기반으로 공동체 생활을 해 온 한국 사회는 산업화 이후에도 사생활 개념이 서구 사회에 비해 상대적으로 낮은 편이다. 하지만 급속한 정보사회로의 변화가 촉발한 사생활 노출 위험을 더는 관망할 수 없게 됐다. 정보사회에서 사생활은 '자기정보결정권' '개인정보'의 개념으로 통용된다. 현대사회에서 개인정보의 중요성은 이전의 어떤 사회와도 비견할 수 없을 정도로 높다. 개인정보는 국가에서는 정치적 통제 수단으로 쓸 수 있고, 기업에서는 잠재고객을 예측할 수 있는 수익의 원천이기 때문이다.

개인정보가 자산으로서 가치를 갖게 되면서 '보호의 대상'에서 '가치 창출의 대상'으로 인식이 바뀌고 있다. 이런 상황에서 합리적인 사람들이라면 사생활 침해가 우려되는 경우 당연히 개인정보 제공을 주저할 것이다. 하지만 개인정보를 제공해서 이득을 얻게 될 가능성이 더 크다면 개인정보 노출에 관용적인 태도를 취할 수 있다. 이른바 프라이버시 패러독스Privacy Paradox로, 사생활에 대한 위협보다 혜택이 더 크다고 느낄 때 사생활 침해를 일부 허용하는 현상이다.

독일에서 진행된 조사에 따르면, SNS 이용자들은 유료 서비스보다는 개인정보가 수집되고 광고가 나오더라도 무료 서비스를 더 많이 이용하는 것으로 알려졌다. 또 체중과 연령 같은 개인정보를 공개경매한 미국의 한 실험에서도 개인 데이터를 대가로 기꺼이 금전적 이득을 취하는 사람들이 많은 것으로 나타났다. 국내에서도 이와 유사한 실험이 진행되었다. 참가자들은 자신의 체중 정보를 얼마에 팔겠느냐는 질문에 평균적으로 146만 원이라 답했다. 그런데 실제로 현금을 주고 구매하겠다고 제시하자 참가자의 70퍼센트가 판매가를 100원까지 낮추는 행동을 보였다.

프라이버시 패러독스의 악용 사례는 이용자 정보를 수집하는 데서 흔히 발견된다. 세계 최대 소셜미디어 중 하나인 페이스북은 2018년 3월, 영국의 정치컨설팅 업체인 케임브리지애널리티카^{CA}가 최대 8,700만 명의 개인정보를 부적절하게 이용한 사건에 대해 관리 책임 소홀로 조사를 받았다. 케임브리지애널리티카는 연령, 성향, 관심사와 같은 페이스북 정보를 이용해 2016년 미국 대선에서 도널드 트럼프 후보를 도왔다는 의혹을 받았고, 이로 인해 2018년 결국 문을 닫았다. 그리고 2019년 7월, 사생활정보 침해가 인정되어 5조 9,000억 원의 벌금을 부과받았다.

이 논란의 핵심은 소셜미디어를 활용해 유권자가 반응할 만한 메시지를 만들고 이를 통해 여론을 움직이거나 선거에 영향을 끼치려 할 때 큰 문제가 된다는 점이다. 그로부터 불과 5개월 후인 같은 해 12월, 약 2억 6,700만 명의 페이스북 이용자 개인정보가 또다시 유출됐다. 글로벌기업의 개인정보유출 사고가 전 세계적으로 다시 한 번 큰 이슈가 된 것이다. 이 일로 페이스북 이용자 수에는

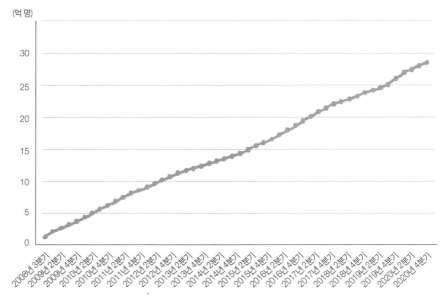

(억 명)

30

25

20

15

10

5

0

2008년 3분기
2009년 2분기
2009년 4분기
2010년 2분기
2010년 4분기
2011년 2분기
2011년 4분기
2012년 2분기
2012년 4분기
2013년 2분기
2013년 4분기
2014년 2분기
2014년 4분기
2015년 2분기
2015년 4분기
2016년 2분기
2016년 4분기
2017년 2분기
2017년 4분기
2018년 2분기
2018년 4분기
2019년 2분기
2019년 4분기
2020년 2분기
2020년 4분기

자료 51 **페이스북 사용자 추이**
(Statista)

어떤 타격이 있었을까? 놀랍게도 이용자 증감에는 변화가 없었다. 2018년부터 계속된 페이스북의 개인정보 노출 우려에도 전 세계 사용자 수는 꾸준히 증가했다. 사용자들이 개인정보의 노출 위험보다는 페이스북 계정에 가입해서 얻을 수 있는 이익을 선택했다는 의미로 프라이버시 패러독스를 잘 보여 준다.

개인 데이터 활용, 안전한 기반이라면 OK

———

개인정보를 활용하기 위한 개인정보 제공에 우리 국민들은 얼마나 공감하고 있을까? 한국데이터산업진흥원의 2019년 '마이데이터 현황조사'에 따르면, 한국인의 89.3퍼센트가 개인정보 활용이 필요하다는 데 공감하고 있으며, 72.2퍼센트는 본인이 동의할 경우 기관, 기업, 단체 등이 보유한 자신의 개인정보를 제삼자에게 제공해도 된다고 생각한다. 대부분 데이터의 활용과 제공에 긍정적인 태도를 보인다.

한편 자신의 개인정보를 특정 기관이나 기업에 제공해 원하는 서비스를 받고자 할 때, 해당 기관이나 기업을 신뢰할 수 있는 최우선 판단 요소로 74.4퍼센트의 응답자가 '보안'을 선택했으며, 그다음 요소로 50.7퍼센트의 응답자가 개인정보가 유출되었을 때 합당한 배상을 할 수 있는 '책임감'을 꼽았다.

개인정보를 제공할 때 제일 망설이는 정보는 은행거래, 계좌 정보 같은 금융 데이터로 64.5퍼센트가 '제공할 수 없다'라고 답했으며, 이어서 61.8퍼센트가 신용정보, 그다음으로 58.8퍼센트가 신장, 몸무게, 가슴둘레, 지문, 홍채 등과 같은 신체 정보 제공을 꺼리는 것으로 나타났다. 반면 제공에 부담을 덜 느끼는 개인정보로는 학력, 자격증, 훈련 프로그램 등과 같은 교육·훈련 데이터로 67퍼센트가 '제공 가능하다'라고 답했으며, 전력 소비, 수도·가스 사용량 등과 같은

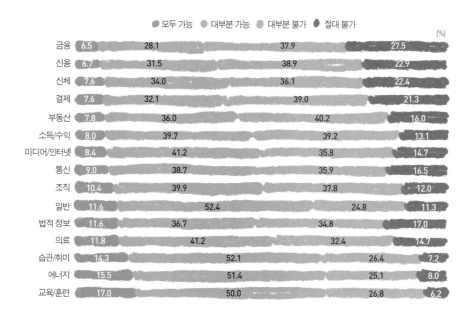

(%)

	모두 가능	대부분 가능	대부분 불가	절대 불가
금융	6.5	28.1	37.9	27.5
신용	6.7	31.5	38.9	22.9
신체	7.6	34.0	36.1	22.4
결제	7.6	32.1	39.0	21.3
부동산	7.8	36.0	40.2	16.0
소득/수익	8.0	39.7	39.2	13.1
미디어/인터넷	8.4	41.2	35.8	14.7
통신	9.0	38.7	35.9	16.5
조직	10.4	39.9	37.8	12.0
일반	11.6	52.4	24.8	11.3
법적 정보	11.6	36.7	34.8	17.0
의료	11.8	41.2	32.4	14.7
습관/취미	14.3	52.1	26.4	7.2
에너지	15.5	51.4	25.1	8.0
교육/훈련	17.0	50.0	26.8	6.2

자료 52 개인정보 유형별 활용에 대한 인식
한국인들은 개인정보 활용이 대세적인 흐름이라고 받아들이고 있는 동시에 개인의 사생활을 침해할
소지가 크다고 판단해 개인의 금융, 신용, 신체에 관한 정보를 공개하는 데 부정적이기도 하다.
(2019년 마이데이터 현황 조사, KData)

에너지 정보가 66.9퍼센트, 흡연·음주 여부, 선호하는 스포츠, 여가 활동 등과 같은 생활 습관·취미 정보는 66.4퍼센트로 이런 정보를 제공하는 데는 부담을 느끼지 않는 것으로 보였다.

코로나19와 같은 국가적 재난 속에서 우리는 '개인정보보호'와 '공공의 안전' 사이의 가치 충돌을 마주하고 있다. 이런 상황에서 대다수의 한국인은 공공의 안전이 더 중요한 가치를 갖는다고 생각한다. 2020년 5월 대통령직속 4차산업혁명위원회에서 실시한 조사에 따르면, '확진 환자 개인정보의 분석과 공개'가 적절했는지에 대한 물음에 90.3퍼센트가 적절했다고 답했다. 코로나19와 같이 공공의 안전이 위협받는 상황에서는 동선 등 개인정보 공개가 다수를 위해 필요하다는 인식이 반영된 것으로 보인다. 반면 미국은 코로나19 대응에서 개인의 사생활보호가 정보공개에 우선하는 것으로 보인다. 대부분의 주州가 연령대 같은 최소한의 정보만 제공한다는 원칙을 준수하고 있다. 결과적으로 미국은 코로나19의 최대 피해국이라는 값비싼 대가를 치렀다.

하지만 한국인들의 적극적인 정보공개 찬성에도 우려되는 상황이 없는 것은 아니다. 2020년 8월, 개인정보보호위원회가 전국 243개 자치단체 홈페이지를 조사한 결과는 또 다른 문제가 있었다. 성별, 나이, 거주지 등 확진 환자 개인을 식별할 수 있는 정보가 포함된 사례가 394건에 달했기 때문이다. 또 삭제 기한을 준수하지 않은 사례도 86건이나 있었다. 인플루언서들을 통해 자치단체 홈페이지에서 SNS로 전파된 개인정보는 훨씬 더 많을 것으로 보인다. 공익 목적의 개인정보 이용이 국민의 신뢰를 받으려면 무엇보다 정부의 개인정보보호정책과 강력한 제도가 뒷받침되어야 한다.

데이터 주권에 대한 인식 제고 필요

———

2020년 1월 9일 '데이터 3법'이 국회에서 의결되었다. 데이터 3법이란 데이터 산업 육성에 필요한 개인정보보호법, 정보통신망법, 신용정보법이다. 개인을 특정할 수 없도록 안전하게 개인정보를 처리하여 상업적 통계를 목적으로 할 때는 개인의 동의 없이 활용할 수 있도록 하는 것이 법안의 목적이다. 이를 통해 데이터 경제의 열매인 새로운 서비스와 비즈니스가 대거 등장할 발판이 마련될 것이라는 기대도 있지만 우려의 목소리도 컸다.

최근 몇 년간 뉴스에 보도된 개인정보 관련 기사를 분석해 보았을 때 이런 양상은 두드러진다.

자료 53과 같이 빅카인즈 분석을 이용해 5년 동안 개인정보 관련

소비자 사생활 방송통신위원회 행정안전부
EU 피해자 암호화 전화번호
보험사 페이스북 이용자 구글
과징금
주민등록번호 정보통신망법
불구속 입건 개정안 경품행사 가명정보 빅데이터

자료 53 2015년 1월 1일~2020년 1월 15일 '개인정보' 연관어
가장 많이 추출된 '페이스북' '주민등록번호' '정보통신망법' '방송통신위원회' '행정안전부'에서
개인정보 유출에 대한 우려와 제도적 안전장치 마련에 대한 관심을 추정할 수 있다.
(빅카인즈 서비스)

기사를 추출했을 때 가장 많이 등장한 단어는 '페이스북'과 '주민등록번호'였다. 여기서 사람들이 노출을 우려하는 채널과 정보가 무엇인지 추정할 수 있다. 또 '정보통신망법'과 '방송통신위원회' 등의 단어에서 제도적 안전장치에 대한 관심이 큰 것으로 보였다. 개인정보보호와 활용을 관리·감독하는 기관의 책임과 역할에 대한 의문, 소비자들의 사생활 침해에 대한 우려가 많이 나타났고, 전반적으로 개인정보 활용을 통한 새로운 서비스를 향한 기대보다는 유출과 악용에 대한 걱정이 더 컸다.

4차 산업혁명 시대의 경제는 수많은 개인이 생산하는 디지털 데이터를 기반으로 움직인다. 이러한 빅데이터가 없다면 인공지능^AI도 불가능하다. 그래서 데이터는 21세기의 원유로 불리기도 하고, 디지털 경제의 신자본^New Capital으로 여겨지기도 한다.

《사피엔스》로 알려진 역사학자 유발 하라리는 《21세기를 위한 21가지 제언》에서 데이터를 가진 자가 미래를 차지할 것이며, 소수의 엘리트에 부와 권력이 집중되는 것을 막기 위한 열쇠는 데이터 소유의 규제라고 강조했다. 유럽의 경우 독일에서는 미국 클라우드 플랫폼 의존도를 낮추고 새로운 데이터 생태계를 만드는 가이아—X^GAIA-X(유럽 통합데이터 인프라) 프로젝트를 주변국과 공동 진행하고 있다. 이처럼 특정 데이터베이스의 독점으로부터 독립해 데이터 주권을 가지려는 움직임이 활발해지고 있다.

우리나라에서도 데이터 활용 환경을 조성하기 위해 다양한 노력과 시도가 한창이다. 한국판 뉴딜을 통해 데이터 댐을 구축하고 공공·금융·의료·교육 분야별로 분산된 정보를 통합적으로 제공하는 마이데이터MyData 서비스 도입을 추진하고 있다. 제도적으로도 해외 클라우드 등으로 개인정보를 이전하는 경우에는 정보통신망법에 규정된 사항 모두를 이용자에게 고지하고 동의를 받아야 한다.

앞으로 우리나라 지식노동자들은 데이터에 대한 접근 능력과 더불어 고도의 분석 능력을 요구받게 될 것이다. 정부든 기업이든 방대한 데이터로부터 차별화된 인사이트를 끌어내는 역량 여부가 성장과 도태를 결정짓게 될 것이다. 또 우리나라가 데이터 산업에서 진행되는 치열한 글로벌 경쟁에서 승리하려면, 능동적인 데이터 생산자들과 양심적인 데이터 소비자들이 건전한 데이터 생태계 구축에 적극적으로 참여해야 한다.

더불어 데이터 생산자와 소비자 모두 개인정보 데이터 주권을 행사할 수 있는 철저한 보호장치도 필요하다. 데이터 주권은 개인의 신체나 재산과 마찬가지로 자신의 데이터가 어디서, 어떻게, 어떤 목적으로 사용될지를 스스로 결정할 수 있는 권리를 뜻한다. 개인정보 생산 주체의 자기 결정권이 확보되면 스스로 데이터를 보호하고 제어할 수 있게 된다. 이를 통해 미래 정보사회는 데이터 보호와 활용이라는 두 마리 토끼를 잡을 수 있을 것이다.

11장

코로나19와 금융소비자의 이동

송민택

연세대학교 경영학과를 졸업하고 동대학원에서 석사학위(재무관리)를 받았으며, 동국대학교에서 핀테크 블록체인으로 박사과정을 수료했다. 다음커뮤니케이션 전략/글로벌 담당 임원과 신한금융그룹을 거쳐 현재 우리금융지주 디지털혁신부서장, 포스텍 데이터 사이언스포럼 기획위원으로 활동 중이다.

코로나19와 금융소비자의 이동

세계는 코로나19로 인해 비상사태를 맞고 있다. 예방 지침과 권고 사항이 사람들의 일상을 바꿔 놓았고, 2021년이 된 시점까지 이 사태가 언제 끝날지 알 수 없다. 4차 산업혁명 이후 사회현상의 변곡점이라 불릴 만큼 코로나19는 각 분야에 커다란 영향을 미쳤다. 변곡점은 특정 사건 발생 이전의 트렌드나 사회문화를 전혀 다른 새로운 양상으로 틀어 버리기도 하고, 반대로 강화시키기도 한다. 그렇다면 사람들의 금융 행태는 앞으로 어떻게 변할까? 현재 우리는 완전히 다른 흐름으로 가거나 기존의 방향을 고수하려는 기점에 놓였다. 통계 데이터를 중심으로 현 시점의 금융 소비 트렌드를 살펴보고, 향후 어떻게 변해 갈지 예측해 보자.

비대면 채널로 바뀌는 금융업계

코로나19 이전부터 사람들은 홈페이지와 앱을 통해 금융상품과 금융 서비스를 합리적으로 소비하고 있었다. 비대면 채널이 주는 편의성과 혜택 때문이다. 여기서 말하는 혜택은 수수료 인하, 소비로 발생하는 포인트 적립이나 할인 등이다. 대출도 다르지 않다. 인터넷뱅크의 등장으로 비대면 신용 대출이 상당히 보편화됐다. 불과 몇 년 전만 하더라도 부동산담보대출은 복잡한 서류 구비 등으로 접근이 어려웠다. 하지만 코로나19로 비대면 금융이 중요해지면서 부동산 대출까지도 비대면으로 이뤄지기 시작했다. 이런 때 경쟁에서 이기기 위해 금융기관들이 앞다투어 비대면 서비스를 도입해야 하는 상황에 이르렀기 때문이다.

특히 스마트폰 사용이 활발한 MZ세대(1980년대 초에서 2000년대 초 사이에 출생한 밀레니얼 세대와 1990년대 중후반에서 2000년대 초반에 출생한 Z세대)를 중심으로 비대면 채널 이용이 폭발적으로 증가했다. 스마트폰과 비대면 문화에 익숙한 MZ세대가 금융시장의 새로운 주도 세력으로 떠오르면서 향후 이들을 대상으로 한 비대면 금융상품과 금융 서비스가 늘어날 것이다.

한국은행 통계자료에 따르면, 2020년 하반기 비대면 대출 신청 건수는 2017년 상반기 대비 약 4.6배, 대출 신청 금액은 열여섯 배 증가했다. 특히 비대면 대출 신청 금액은 134조 9,600억 원으로 사

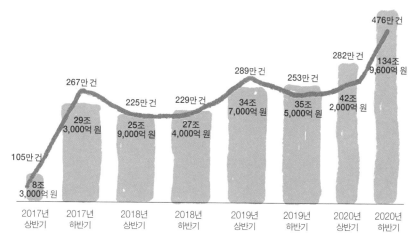

자료 54 비대면(온라인/모바일뱅킹) 대출 신청 건수 및 대출 신청 금액 추이
(18개 국내 은행과 우체국 포함. 한국은행)

상 최대치를 기록했다. 비대면 소비를 선호하는 금융소비자들의 니즈를 감안할 때 금리가 유리한 비대면 대출이 간편화될수록 이용률은 대폭 증가할 것이다. 비대면 대출뿐 아니라 보험설계와 상품 가입, 카드 발급과 이용 등 대부분의 금융거래에서 금융소비자들은 가성비를 꼼꼼히 따지고 움직일 것이다.

냉철한 판단이 절실해진 저금리 시대

2020년 5월 한국은행은 0.75퍼센트로 기준금리를 낮춘 지 2개월 만에 0.5퍼센트로 다시 금리 인하를 결정했다. 그리고 5개월 뒤인 10월 한국은행 금융통화위원회는 0.5퍼센트 금리를 유지하기로 결정했다. 코로나19의 영향이다. 재난지원금 지급과 저금리로 인한 소비자 대출 증가 등 시중에는 돈이 넘쳐나고 있다. 2020년 10월 한국은행이 발표한 통계자료에 따르면, 시중 통화량의 잣대인 광의통화(총통화, M2, 현금화가 용이한 자금) 잔액이 약 3,153조 원에 달해 전년 대비 9.7퍼센트가 증가하여 사상 최대를 기록했다.

반면 실물경제는 여전히 바닥을 헤매고 있다. 2020년 12월 기획재정부에 따르면, 실물경제의 불확실성이 확대되었다. 백화점과 할인점의 11월 매출액이 전년 대비 각각 3.9퍼센트, 4.3퍼센트 감소했으며, 소비자심리지수는 월별 대부분이 70~90포인트에 머물러 있어 비관적인 경제 현실을 반영했다. 소비자심리지수란 현재 생활형편, 생활형편 전망, 가계수입 전망, 소비지출 전망, 현재 경기 판단, 향후 경기 전망 총 여섯 개 부문을 표준화해 합성한 지수로 지수의 기준치는 100이며 100을 초과할 경우 소비자들이 현재 경기를 과거 평균 수준보다 좋아진 것으로 평가하고 있음을 의미하고, 100 미만은 현재의 경기가 과거 평균적인 경기 상황보다 좋지 않음을 의미한다. 따라서 선뜻 금리를 올릴 수 없는 상황이 한동안 지속될 것으로 예측된다.

이제 금융소비자들은 말로만 듣던 제로 퍼센트 금리 시대를 체감하게 됐다. 예금이자를 받든 대출이자를 내든 사람들은 금리의 영향을 받을 수밖에 없다. 이에 따라 사람들은 조금 더 예금금리를 주거나 대출금리를 내려 판매하는 비대면 채널로 급격히 이동했다. 한 인터넷뱅크가 연 5퍼센트 금리의 특판 예금을 출시하자마자 1분 만에 모두 판매되는 기록을 세우기도 했다. 또 한 시중은행에서 연이율 5.01퍼센트의 비대면 연계 적금 상품을 출시하자 100만 명이 넘는 사람들이 몰렸다. 적금 최대한도가 30만 원이라는 점을 감안하면 받을 수 있는 이자는 많아봤자 세후 8만 2,000원가량인데도 말이다. 이후 금융권 여기저기서 적은 금액이나마 높은 이율을 내세워 비대면 채널을 통한 금융소비자 모객에 동참했다.

불안할수록 뛰어드는 주식시장과 P2P 플랫폼

저금리 시대가 계속될수록 사람들의 머니무브 현상(자금이동)은 빈번하게 일어날 것이다. 사람들은 얼어붙은 부동산시장과 예금금리 인하로 자금을 주식시장과 암호화폐 거래소로 옮기고 있다. 저금리 시대의 대응으로 변동성의 위험이 도사리는 주식시장을 택한 것이다. 2020년 3월 코로나19로 인해 코스피지수는 1,439포인트로 급격히 하락했다. 향후 주식시장의 상승 가능성이 높다고 판단한 사람들은 이 틈을 비집고 고객예탁금 계좌에 돈을 이체했다. 고객예탁금은 유가증권(어음·수표·상품권 등)의 매매거래를 위해 고객

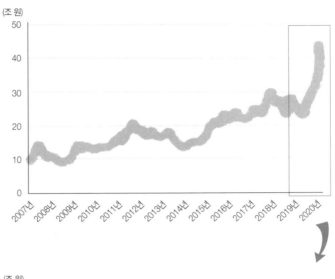

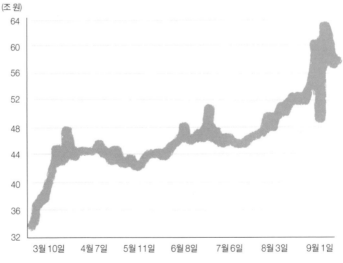

자료 55 고객예탁금 추이

(증권사 자료 참고)

코로나19와 금융소비자의 이동

이 증권회사에 일시 보관 중인 예수금을 말한다. 고객예탁금은 주가를 결정짓는 중요한 수요 지표로 고객예탁금이 증가하면 주식을 사려는 수요자들이 적극적으로 주식시장에 유입된다는 증거로 볼 수 있다. 2019년 1월 23조 원을 찍었던 고객예탁금은 2~3월을 거치며 순식간에 증가하더니 코로나19로 코스피지수가 하락한 직후인 2020년 4월 초에는 47조 원까지 증가했고, 9월 중순에는 63조 원대까지 증가하는 등 자금이동은 계속되고 있다.

저금리로 인한 머니무브 현상은 주식시장에만 한정되지 않는다. 일부 사람들은 은행보다 높은 금리를 주는 비대면 채널 기반의 P2P^{Peer to Peer, 개인 간 거래} 플랫폼에 자신의 돈을 맡기고 있다. 2018년 말 4조 원대에 머물던 누적 대출액이 2020년 10월 11조 원대로 세 배 가까이 증가했다. 높아진 핀테크 기술력과 간소한 거래 절차 덕분에 P2P 대출 시장은 계속 성장해 왔고 앞으로도 더욱 발전할 것이다.

핀테크^{Fintech}란 금융을 뜻하는 '파이낸셜^{Financial}'과 '기술^{Technique}'의 합성어로 모바일 등 디지털 채널을 통해 결제, 송금, 자산관리, P2P 대출, 크라우드펀딩 등이 이루어지는 기술을 의미하며, 기술뿐 아니라 관련 기업까지 총칭하여 사용하는 용어이다. 이미 유망 기업으로 성장한 토스나 뱅크샐러드가 핀테크 서비스 유명 업체이며, 빅테크라 불리는 네이버, 카카오 역시 포털사이트를 기반으로 성장해 은행, 증권, 보험 등 다양한 금융 사업을 런칭했다.

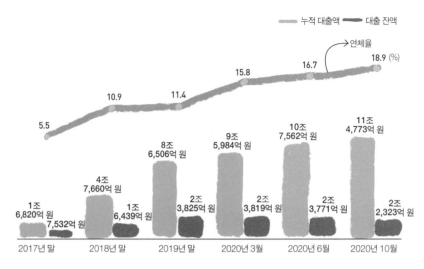

그러나 고금리가 매력적인 P2P 시장은 상대적으로 높은 위험이 따르기도 한다. 특히 코로나19가 가져온 불안정한 경제는 P2P 시장에서 돈을 빌리려는 중소상공인들에게 큰 영향을 미칠 것이다. 2020년 초 P2P 시장에서의 연체율이 15퍼센트대에서 가파르게 상승해 20퍼센트에 육박했음에 주의할 필요가 있다.

코인 거래의 암호화폐 시장은 더욱 심각하다. 하루에도 수십 퍼센트씩 변동하는 가격은 그 이유를 설명하기 힘들어 리스크가 클 수밖에 없다. 특히 코인 투자로 자산을 늘리고자 하는 2030세대의 대거 참여는 자칫 거품붕괴로 이어질 경우 심각한 사회적 위험이 될 수 있다.

사람들이 조금이라도 높은 금리를 제공하거나 고수익이 발생하는 투자처를 찾는 건 당연한 일이다. 하지만 고수익High Return은 반드시 고위험High Risk을 수반한다. 코로나19 발생 이후 '동학운동' '서학운동'이라는 유행어가 생겨날 만큼 빚을 내서 투자하는 현상이 대표적이다. 동학운동은 국내 개인투자자들이 외국인이나 기관의 매물 주식을 대거 사들이는 현상을 의미하고, 서학운동은 미국 등 해외 주식도 적극 사들이는 현상을 빗댄 표현이다. 3월의 주가 급락 이후 미래 성장에 대한 기대 등으로 10월 초 코스피가 2,400 포인트대로 상승하더니, 2021년 1월 25일에는 3,208.99포인트로 장마감을 하면서 최초로 3,200포인트를 넘기기도 했다. 그러나 코로나19가 장기화되면서 대면 서비스업, 자영업 등 취약 부문으로 충격이 누적되고 있고, 이로 인해 업종 간, 소득계층 간 성장·고용·소득 불균형이 확대될 수 있다는 우려의 목소리가 계속 터져 나오고 있다. 이러한 불안정한 상황에서는 좀 더 냉철한 판단으로 합리적 투자를 해야 한다.

편리성을 적극 반영한 오픈 뱅킹과 마이데이터

———

오픈뱅킹은 모든 은행과 핀테크 기업들의 자금 이체와 조회 기능을 제공하는 시스템으로 두 달간의 시범 기간을 거쳐 2019년 12월에 정식 론칭했다. 이 시스템 덕분에 사람들은 자신이 보유한 통장이나 거래한 은행 수만큼의 앱을 이용할 필요가 없어졌다. 하나의 앱으로 여러 은행, 여러 핀테크 회사의 예적금 조회와 이체가 가능해지면서 편리성이 증가했다. 손쉽게 금융상품을 비교할 수 있고, 간단하게 금융정보를 옮길 수 있어 사용성이 높아졌다. 금융소비자들은 손쉽게 금리를 비교하고 여러 금융상품을 다양하게 경험하며 부가서비스 등 만족할 만한 혜택에 따라 자유롭게 은행을 바꿀 수 있어 선택권이 넓어졌다.

2020년 10월 21일 금융위원회 통계자료에 따르면, 2019년 12월 오픈뱅킹을 정식으로 시작한 지 약 10개월 동안의 등록·이용 현황에서 9월 누적 가입자는 5,185만 명이고, 계좌 수는 8,432만 개에 이른다. 사람들은 은행보다 핀테크 기업에 더 많이 등록했는데 그만큼 핀테크 기업의 다양한 서비스를 편리하게 이용하고자 함을 알 수 있다. 오픈뱅킹이 시행되기 전, 핀테크 기업은 고객에게 송금, 이체, 결제, 자산관리 등 금융 서비스를 이용하도록 하기 위해 기존 은행과의 펌뱅킹 계약 및 수수료를 지급해야 했다. 그러나 오픈뱅킹으로 인해 고객들은 핀테크 기업이 제공하는 쇼핑 간편결제나 소액 투자를 위해 별도의 수수료 없이 이체가 가능해졌고, 충전금이 없을 때 자동충전 등 편의 서비스를 이용하게 되었다. 참고로 펌뱅킹이란 기업과 금융기관이 전용회선 또는 밴^{VAN} 사의 전산망

2020년 9월 기준		
총 가입자 수		5,185만 명
	은행	1,161만 명
	핀테크	4,024만 명
총 등록 계좌 수		8,432만 좌
	은행	3,222만 좌
	핀테크	5,210만 좌

자료 57 은행과 핀테크 가입자 및 등록 계좌 비교
(2020. 10. 21., 금융위원회 디지털금융협의회 발표)

잔액조회	59.2%		잔액조회	84.5%		출금이체	82.5%
출금이체	**29.9%**		**거래내역조회**	**8.8%**		**잔액조회**	**7.5%**
거래내역조회	**8.1%**		**출금이체**	**3.0%**		**거래내역조회**	**6.7%**
계좌실명조회	1.6%		계좌실명조회	2.0%		계좌실명조회	0.9%
입금이체	0.8%		입금이체	1.1%		입금이체	0.2%
수취조회	0.3%		수취조회	0.6%		송금인 정보조회	0.1%
송금인 정보조회	0.1%						

자료 58 오픈뱅킹 업권별 이용 현황
사람들은 잔액 조회-출금이체-거래 내역 조회-실명 조회-입금 순으로 금융 서비스를
이용하며, 은행 고객은 잔액 조회를 중심으로 이용하는 반면(84.5퍼센트)
핀테크 기업 고객은 출금이체 서비스가 중심(82.5퍼센트)임을 알 수 있다.
(2020. 7. 6., 금융위원회)

으로 전산시스템을 연결해 온라인으로 정보를 공유하며 은행 업무를 처리하는 금융 자동화시스템을 말한다. 펌뱅킹을 이용하면서 기업은 은행에 가지 않고 직접 업무를 처리할 수 있게 되었다.

오픈뱅킹과 더불어 마이데이터My Data 산업도 금융소비자의 행태를 바꾸는 변곡점의 중요 축이 될 것이다. 마이데이터는 개인이 직접 금융기관과 통신, 유통, 의료 등 여기저기 흩어져 있는 자신의 개인정보를 제3업체에 전달해 새로운 서비스를 받을 수 있도록 하는 사업이다. 지금까지는 개인정보를 활용할 때 모든 항목에 대해 일일이 개인 동의를 받아야 했지만 앞으로는 소비자가 정보 활용 여부를 결정만 하면 금융기관을 비롯한 제3기관이 오픈 API기술을 통해 그 사람의 정보를 모아서 분석·활용할 수 있게 된다. API란 응용프로그램에서 사용할 수 있도록 OS나 프로그래밍언어가 제공하는 기능을 제어할 수 있는 인터페이스를 말한다. 오픈 API는 인터넷 이용자가 일방적으로 웹 검색 결과와 사용자 인터페이스 등을 제공받는 데 그치지 않고 직접 응용프로그램과 서비스를 개발할 수 있도록 공개된 API다. 이 기술을 활용하면 여러 금융기관에 펀드 투자를 했던 고객이 한 금융기관의 마이데이터 서비스에 가입함으로써 모든 투자 내역을 확인할 수 있고, 금융기관은 타사에 가입된 고객의 모든 펀드 리스트를 파악·분석해 고객에게 적합한 펀드를 추천할 수 있다.

데이터가 더욱 중요해진 4차 산업시대에 금융기관을 비롯한 유통·통신·핀테크 업체들은 마이데이터 주도권을 잡기 위해 치열한 경쟁을 시작했다. 2021년 1월 27일 금융위원회가 발표한 본 허가 업체에는 시중 은행과 핀테크 사를 포함 28개가 선정되었으며, 이 회사들은 2021년 8월 마이데이터 사업 런칭을 목표로 한창 서비스를 준비하고 있다. 마이데이터의 등장으로 소비자들은 양질의 혜택을 받을 수 있다. 역량 있는 금융기관이나 핀테크 기업은 고객의 금융거래 데이터를 축적하고 분석함으로써 고객에게 적합한 맞춤형 재테크 정보나 각종 금융 혜택을 제공하고, 금융뿐 아니라 의료와 쇼핑, 유통 정보까지 결합시켜 고객에게 적합한 서비스와 상품을 출시할 수 있다.

합리적인 자산관리로 비대면 시대 활용해야

스마트폰의 등장 이후 금융계의 화두였던 디지털 금융이 전혀 다른 방식으로 바뀌지는 않을 것이다. 코로나19가 종식되더라도 디지털 기술과 비대면 채널을 활용한 언택트 금융은 더욱 강화되는 방향으로 갈 것이다. 사람들은 이미 언택트 시대를 잘 버틸 만큼 준비해 왔다. 비대면 채널의 발 빠른 성장이 잘 설명해 주듯 이미 금융 환경은 인공지능, 블록체인, 빅데이터 기술에 의해 변모하고 있었다. 물론 이 흐름에서 소외된 사람도 있고 소극적으로 응한 사람도 있다. 그러나 앞으로 언택트 시대를 버티고 살아가기 위해서는 비대면 채널에 대한 긍정적인 접근이 필요할 것이다. 넘쳐나는 금융 정보의 홍수 속에서 비대면 채널을 적극 활용해야 한다.

집콕 시대에도 금융생활은 이어져야 하며 저금리 시대일수록 자산에 관해서 냉철한 판단을 해야 한다. 고객이 저금할 때만 은행을 찾는 시대는 지났다. 캐시리스cashless 사회가 보편화된 것처럼 단순 입출금뿐 아니라 학자금 조달, 부동산 거래 등 우리 삶의 모든 영역에서 자연스럽게 디지털 금융이 스며들고 있다. 모바일 기기와 새로운 금융기업들의 서비스를 적극 활용하여 디지털 금융을 효율적으로 활용하고 삶을 윤택하게 만들어야 한다. 합리적 자산관리와 소비 관리로 우리의 돈을 지킬 방안들을 기대해 본다.

12장

코로나19를 둘러싼
말들의 세계

조원광

~~~~~

포스텍 사회문화데이터사이언스연구소 연구교수를
거쳐 서울대학교 보건대학원 조교수로 재직 중이다.
주요 논문으로 〈Funding sources and breast cancer
research frame〉 등이 있다.

코로나19를 둘러싼 말들의 세계

코로나19와 말의 세계

———

2020년 한 해 동안 코로나19에 대한 온갖 말이 넘쳐났다. 이제 코로나19와 관련된 정보와 논란 그리고 우려와 불안은 우리 일상의 익숙한 부분이 됐다. 환자의 동선이 공개되면 지난 며칠을 돌아보고 걱정하며, 무책임해 보이는 행동에 분노를 터트리기도 한다. 이처럼 바이러스에 대한 무수한 말은 때로는 우리를 움츠리게, 때로는 우리를 분노하게 한다. 물론 이런 공포와 불안은 기본적으로 바이러스의 막강한 전염력 때문이지만, 바이러스에 대한 수많은 말역시 그 공포를 널리 확산시키고 증폭시킨다. 바이러스와 함께 바이러스에 대한 말과 거기에 담긴 정보와 정서도 마치 바이러스처럼 퍼지는 형국이다.

그렇다면 바이러스의 확산 경로를 추적하고 정체를 밝히는 것처럼 바이러스를 둘러싼 말에 대해서도 그 진화와 전파 과정을 살펴보고 추적할 수 있지 않을까? 쉽지 않지만 도전해 볼 만한 일이다. 코로나19처럼 사회 전체 구성원을 대상으로 하는 감염병 위기에서는 바이러스만큼이나 바이러스를 둘러싼 말이 가지는 영향력이 크다. 질병에 대한 각종 루머는 불필요한 공포와 분노를 낳고, 반대로 적절한 정보와 논의의 빠른 확산은 백신과 치료제 없이도 바이러스의 진격을 어느 정도 늦출 수 있다. 만약 바이러스를 관찰하듯이 말들을 관찰하고 그 변화를 측정할 수 있다면, 나아가 그에 기반을 둔 적합한 보건 정책을 만들고 실행할 수 있다면, 불필요한 루머의 영향을 차단하고 적절한 정보를 시민들과 공유할 수 있을 것이다. 당연히 코로나19 극복에도 적잖이 기여할 것이다.

하지만 코로나19에 대한 수많은 말을 수집해 분석하는 일은 쉽지 않다. 여기에는 크게 두 가지 이유가 있다. 첫째, 자료의 양이 무척 방대하다. 모든 사람의 관심이 코로나19에 온통 집중되어 있고 말이 만들어지는 경로도 다양하다. 누구는 친구와 이야기를 나누고, 누구는 소셜미디어에 자신의 생각을 적고, 누구는 언론을 활용해 공식적으로 입장을 밝힌다. 이를 모두 모으면 엄청난 양의 자료가 된다. 애초에 모두 모으는 것 자체가 가능할지 의구심이 들 정도이다. 둘째, 전통적인 방법으로는 이런 말과 글을 독해하는 속도가 느리고 부정확하다. 보통 말과 글의 의미를 알려면 사람이 읽고 판단해야 한다. 하지만 하루에도 수십, 수백만 건씩 쏟아지는 말과 글을 몇몇 사람이 모두 직접 읽기란 사실상 불가능하다. 게다가 오랜 시간을 들여 읽어내더라도 사람에 따라 같은 글을 다르게 해석하는 경우도 적지 않을 것이다.

토픽 모델링을 활용한 탐구

———

최근 부상하는 텍스트마이닝Text Mining, 즉 컴퓨터를 활용해 대량의 언어 자료로부터 정보를 추출하는 방법의 발달은 이런 어려움을 극복할 수 있는 유용한 수단이 된다Kwartler, 2017. 텍스트마이닝은 하나의 방법이 아니라 여러 방법을 통칭하는 용어에 가까우며, 최근 부상하는 분야이기에 하루가 다르게 새로운 방법이 쏟아지고 있다Evans&Aceves, 2016. 이 중 토픽 모델링은 대량의 언어 자료에 어떤 내용이 구체적으로 담겨 있는지 알아내는 일을 상당 부분 컴퓨터와 통계 모델을 활용해 자동으로 수행하는 방법이다. 대량 언어 자료를 요약할 때 특히 유용하다. ▪

토픽 모델링은 어떻게 대량의 언어 자료를 요약하고 주제를 추출할까? 대략적인 아이디어는 다음과 같다. 토픽 모델링은 글이 사람이 작성한 게 아니라, '단어의 확률 분포'로부터 생성됐다고 가정

▪ 이 글에서 소개하는 토픽 모델링 기법의 기본 원리는 엄밀히 말하면, LDALatent Dirichlet Allocation라는 기법이다. 가장 많이 알려진 토픽 모델링 기법이고, 다른 기법들에 큰 영향을 미쳤기 때문에 여기서는 LDA에 기반해 설명할 것이다.

한다. 단어의 확률 분포란 여러 단어에 출현 확률을 할당한 리스트를 의미한다. 예를 들어 100개의 단어가 있는데, 이 100개의 단어에 출현 확률을 할당해 확률이 높은 순서로 정렬된 다음과 같은 리스트를 만든다.

[백신-0.1, 부작용-0.1, 수입-0.08, 시점-0.05, ……]

그다음 이렇게 부여된 확률에 따라 단어 50개를 추출한다. 그러면 50개의 단어 중 '백신' 혹은 '부작용'과 같은 단어가 다수 존재할 것이다. 그들이 높은 출현 확률을 보유하기 때문이다. 토픽 모델링은 자료로 주어진 글이 이와 같은 과정을 통해서 만들어졌다고 가정한다. 그리고 주어진 글이 이런 과정을 통해 만들어지려면 어떤 단어 확률 분포가 존재해야 하는지 통계적으로 추론한다.

이런 통계적 추론은 사실 우리에게 낯설지 않다. 우리는 동전을 100번 던졌을 때 앞면이 60번 나오면 동전에서 앞면이 나올 확률이 0.6, 즉 60퍼센트라고 추론한다. 이는 동전의 앞면이 나올 확률이 0.6이어야 현재 우리 앞에 펼쳐진 사태가 잘 설명된다는 말이나 마찬가지이다. 토픽 모델링은 이런 세계관을 언어 자료에 적용하는 것이다. 즉 언어 자료가 동전을 던지는 것과 같이 확률 분포에 근거한 산출 결과이고, 내게 주어진 언어 자료를 가장 잘 산출할 법한 단어의 확률 분포를 추론한다. 이는 수학적 과정이며, 그래서 컴퓨터로 처리할 수 있다.

토픽 모델링 기법은 이렇게 추론된 단어의 확률 분포를 토픽

Topic, 즉 '주제'라고 부른다. 단어의 확률 분포, 즉 단어에 확률이 부여된 리스트를 주제라고 부를 수 있는 까닭은, 이 확률 분포에 말이나 글의 주제를 구성하는 핵심 정보가 들어 있고, 이를 잘 활용하면 실제로 주제를 해석해 낼 수 있기 때문이다. 예를 들어 다음과 같은 단어의 확률 분포가 토픽 모델링의 통계적 추정 결과로 얻어졌다고 하자.

[코로나-0.3, 중국-0.3, 입국-0.2, 금지-0.1, ……]

이런 결과는 컴퓨터가 받은 글 뭉치에 '코로나'와 '중국'과 같은 단어가 많이 출현하고 있기 때문에 도출됐을 공산이 크다. 그리고 반대로 인간은 컴퓨터가 추정해 준 이런 단어 확률 분포에서 주제를 알아볼 수 있다.

주제라는 것이 글에 어떻게 표현되는지 곰곰이 생각해 보면 단어의 불균형한 사용을 통해 드러난다는 점을 알 수 있다. 즉 어떤 글을 지배하는 주제가 있다면 해당 주제에서 중요한 단어들은 그 글에 자주, 함께 등장하지만, 그렇지 않은 단어는 등장하지 않는다. 단어의 확률 분포에서 우리는 중요 단어와 그들의 연결을 알아볼 수 있다. 높은 확률을 부여받은 단어들의 집합에서 어떤 중요한 대상이 함께 등장하는지 알 수 있기 때문이다. 따라서 이런 단어의 확률 분포로부터 주제를 추정하는 것은 어려운 일이 아니다. 앞선 예는 '코로나19와 중국 입국 금지' 정도로 해석될 수 있는 주제가 글 뭉치에 존재하고 있음을 암시한다. 토픽 모델링은 이 같은 단어 확률 분포, 즉 토픽을 주어진 자료로부터 여러 개 추출한다. 인간은 이런 통계적 계산의 도움을 받아 대량의 글 자료로부터 이들을 잘 요약한다고 가정되는 다수의 주제를 추론할 수 있다.

앞서 수많은 말을 수집해 분석하기 어려운 이유를 두 가지로 이야기했다. 자료가 너무 많고, 사람이 직접 읽는 방식으로는 글에서 주제를 객관적으로 판단하는 데 필요한 시간과 비용이 많이 든다는 것이었다. 토픽 모델링을 활용하면 두 가지 문제를 어느 정도 해결할 수 있다. 토픽 모델링은 컴퓨터를 통한 자동화 방법을 활용하기에 큰 규모의 자료를 처리할 수 있으며, 통계 모델에 기반하기에 분석자가 달라져도 결과가 크게 달라지지 않는다. 비록 이런 과정을 통해 추출되는 주제, 즉 토픽이 얼마나 정확하고 많은 정보를 주느냐 하는 것은 또 다른 문제이지만, 대략적인 여론 지형을 보는 일에는 충분하다.

코로나19 초기 기사 분석

———

나는 코로나19와 관련된 말을 분석하기 위해 뉴스 기사를 살펴봤다. 신종 코로나바이러스가 사회문제가 된 2020년 1월 7일부터 2월 23일까지를 대상으로 '코로나'를 제목이나 본문에 포함한 기사들을 경향신문, 동아일보, 조선일보, 중앙일보, 한겨레, 한국일보 등 여섯 개 언론사로부터 수집했다. 수집에는 한국언론재단의 빅카인즈 서비스를 활용했다. 이런 전국적인 감염병 재난의 경우 초기에 어떤 정보가 유통되는지가 매우 중요하다. 사태 초기에 공동체가 어떻게 대응하느냐가, 감염병 전파 양상과 관리 방향을 결정하는 데 많은 영향을 미치기 때문이다. 많은 시간이 지났지만, 초기에 우리가 겪었던 말의 세계를 돌아보고 우리의 대응이 적절했는지 살펴보기 위해 해당 시기의 뉴스 기사를 분석하는 것은 여전히 의미가 있다.

수집한 언론보도에서 몇 가지 기준으로 중복 기사를 제거한 후 분석 대상인 7,768개의 기사를 확정했다. 그리고 여기에 토픽 모델링 기법 중 구조적 토픽 모델STM: Structural Topic Model이라는 방법을 적용해Roberts, Stewart&Tingley, 2014 이 기사 더미 속에 어떤 토픽이 존재하는지, 시간에 따라 어떻게 변화하는지 분석했다.

우선 자료에서 50개의 토픽을 추출했다. 7,768개의 기사가 50개의 토픽으로 요약된 것이다. 50개의 단어 확률 분포를 추정했다는 뜻인데, 각각의 단어 확률 분포를 보고 내가 해석한 주제는 다음과 같다.

토픽	해석	클러스터
5	신종 코로나바이러스의 기원, 과학적 탐구	1 ●
8	중국 코로나19 현황과 소식	1 ●
16	코로나19로 인한 중국 쪽 항로의 잠정중단	1 ●
21	바이러스 감염 혹은 전파 메커니즘, 그리고 잠복기 등에 대한 주장 및 전문가 의견 전달	1 ●
28	중국 코로나19 대응 과정에서 주목받은 의인	1 ●
31	코로나19로 인한 관광업계 및 항공업계 타격	1 ●
36	코로나19로 인한 중국인, 아시아인 혐오 및 차별	1 ●
42	WHO와 국제회의의 결정	1 ●
44	일본 크루즈선과 코로나19 감염 소식	1 ●
46	코로나19로 인한 중국 정부 권력 변화, 시진핑 주석 위기	1 ●
47	코로나19 백신 및 치료제 개발을 위한 노력, 소식	1 ●
48	코로나19로 인한 입국 제한 조치	1 ●
4	코로나19 위기 중 서울시 집회를 둘러싼 갈등	2 ●
6	코로나19 만큼 무서운 기후 문제 + 코로나19로 열리지 못한 축제	2 ●
12	정세균 총리 '사람 없어 편하시겠네' 발언과 기타 일상생활 조명	2 ●
29	기부 및 행사	2 ●
30	코로나19로 인한 쇼핑 패턴 변화(온라인 폭증)	2 ●
33	학교 운영과 유학생 문제	2 ●
35	마스크와 손 세정제를 둘러싼 부당 경제행위와 처벌	2 ●
37	IT 기술과 코로나19	2 ●
40	우한 교민들의 귀국, 관리, 퇴소 관련 소식	2 ●
49	코로나19에 대한 가짜 뉴스, 스미싱 등	2 ●
3	대통령 포함 정부 부처 대응 소식	3 ●
13	코로나19로 인한 상권 타격과 대책	3 ●
17	코로나19로 피해를 보는 중소기업 지원	3 ●
19	정치권 선거 소식	3 ●

토픽	해석	클러스터
20	코로나19로 인한 지원 필요처(격리자, 특정 산업 등)에 대한 지원과 그와 관련된 논쟁	3 ●
26	검찰 소식	3 ●
50	코로나19로 인한 농수산물 가격 변동(킹크랩 가격 인하 등)	3 ●
9	코로나19 영향으로 인한 혈액 부족과 헌혈	4
23	영화(기생충)와 코로나19	4
43	주요 스포츠 뉴스(코로나19 일부 포함)	4
45	코로나19로 인한 주요 공연 연기 소식	4
15	코로나19에 따른 북한 측 움직임(연락소 운영 중단, 건물 철거 연기 등)	5 ●
32	대중 관계(코로나19 동시 극복 등)	5 ●
1	확진 환자 퇴원 소식	6
2	확진 환자 판정과 관련된 소식(공식 기관 보고 사항)	6
7	새로운 확진 환자 판정(광주 등) 소식	6
10	병원 폐쇄, 병원 집단 감염 소식	6
11	지역 감염 판단을 둘러싼 논쟁과 판단	6
22	확진 환자 동선과 그에 따른 시설 폐쇄 등 변화	6
27	군대 포함 각 단체의 조직원 감염과 대응(휴가 통제, 직장 폐쇄 등)	6
38	의료기관 운영 소식(특이 상황에 대한 전달)	6
39	대구 지역 신천지 교회와 코로나19	6
14	기업 투자와 일자리 창출	7 ●
18	코로나19로 인한 경제 전망(성장률 예상 등) 조정	7 ●
24	코로나19로 인한 증권시장 변화	7 ●
25	금리인하와 청약	7 ●
34	중국 공장 가동 중단으로 인한 자동차 업체 등의 생산 연기	7 ●
41	코로나19로 인한 중국 업체 및 삼성전자 영향(전자 업계 중심)	7 ●

자료 59 50개 토픽(점) 해석

인간이 직관적으로 전체 지형을 판단하기에 50개의 주제는 여전히 많은 편이다. 그래서 토픽들의 상관관계를 근거로 만들어진 토픽들의 네트워크에 네트워크 커뮤니티 탐지 알고리즘Network Community Detection Algorithm의 일종인 워크트랩Walktrap 알고리즘을 적용해 서로 자주, 함께 등장하는 토픽들을 묶었다Fortunato&Hric, 2016. 두 개의 토픽이 긍정적인 상관관계를 가진다는 것은 하나의 문서에 두 개의 토픽이 동시에 등장할 가능성이 높다는 뜻이다. 두 개의 토픽이 긍정적 상관관계를 가질 때 그 두 개의 토픽이 서로 연결되어 있다고 가정하면, 전체 토픽들 사이의 네트워크 구조를 얻을 수 있다. 여기에 전체 네트워크 안에서 특별히 응집적인 부분집합을 찾아내는 네트워크 커뮤니티 탐지 알고리즘을 적용하면, 함께 자주 출현한다고 판정할 수 있는 토픽들의 집합을 찾을 수 있다.

자료 60은 이를 표현한 것이다. 각 점은 토픽, 점에 부여된 숫자는 토픽의 번호를 가리키며, 점들을 연결하는 선은 해당 토픽이 함께 등장하는 경향이 있음을 의미한다. 앞서 설명한 알고리즘을 통해 같은 집합에 속한다고 판정된 토픽(점)은 같은 색으로 표현했다. 50개 토픽의 해석을 담은 앞의 자료 59 역시 같은 집합, 즉 같은 클러스터에 속하는 토픽들을 서로 묶어서 제시했다.

자료 59에서 클러스터별로 토픽의 해석을 살펴보면 유사한 내용의 토픽들이 함께 묶여 있음을 발견할 수 있다. 이는 놀라운 일이다. 컴퓨터는 글의 의미를 이해하지 못하고, 다만 토픽 간의 상관관

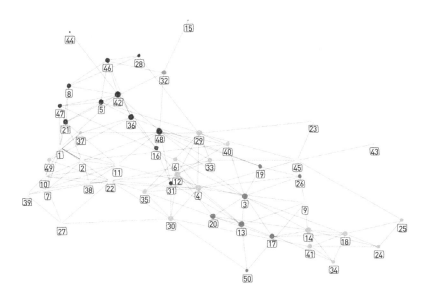

자료 60 **토픽 상관관계 네트워크**

계에 근거해 이들을 묶었을 뿐이기 때문이다. 이와 같은 방법을 통해 토픽들을 포괄하는 일종의 대주제를 해석해 낼 수도 있다. 같은 클러스터에 속한 토픽을 아우르는 주제가 있다면, 그것을 개별 토픽 위에 있는 대주제라고 볼 수 있다는 말이다. 나는 이를 위해 7개의 토픽 집합에 해석을 부여했다. 각 토픽 집합의 토픽들을 포괄하는 내용을 떠올려 토픽 집합에 부여했다는 말이다. 즉 7개의 대주제를 해석한 셈이다.

내가 해석한 1번 대주제는 '코로나19와 중국'이다. 여기에는 코로나19로 인한 중국과의 항공편 중단이나 중국에서 발생한 바이러스에 대한 자세한 설명과 같은 토픽이 포함된다. 2번 대주제는 '코로나19와 사회문제'이다. 가짜 뉴스나 코로나19로 위축된 소비 생활, 집회를 둘러싼 사회적 갈등 등의 토픽이 포함된다. 세 번째는 '정부 및 정치권 움직임', 네 번째는 '코로나19와 예체능계 소식', 다섯 번째는 '대중·대북 관계', 여섯 번째는 '확진 환자 정보와 의료기관 대응 소식', 일곱 번째는 '코로나19로 인한 경제 영향'이다. 이처럼 7,768개의 기사가 50개의 토픽으로, 그것이 다시 7개의 대주제로 요약되었다.

토픽 모델링은 기본적으로 토픽들이 각 문서에서 차지하는 비중을 추정한다. 이를 활용하면 토픽들의 집합인 대주제의 문서별 비

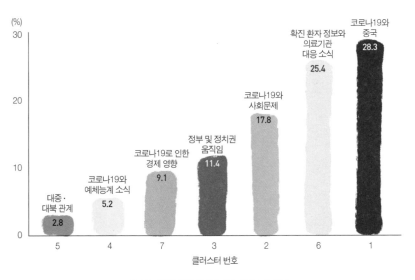

자료 61 전체 문서에서 각 토픽 클러스터 비중

중도 구할 수 있고, 문서별 비중을 합치면 문서 집합 전체에서 각 대주제가 차지하는 비중을 산출할 수도 있다.

이를 그림으로 나타내면 자료 61과 같다. 이 자료는 7,768개의 기사에서 7개의 대주제가 차지하는 비중을 표현했다. 여기에서 우리는 중국을 언급하면서 코로나19를 다룬 주제들이 가장 높은 비중을 차지하는 것을 볼 수 있다. 두 번째로 비중이 높은 영역은 확진 환자 정보와 의료기관 대응 소식이며, 세 번째는 코로나19와 사회문제이다. 언론 기사로 한정하자면 이런 주제의 기사들이 우리의 시선과 귀를 차지했다고 볼 수 있다.

시기별 비중은 어떨까? 자료 61이 전체 시기 전체 문서에서 각 대주제가 차지하는 비중을 표현했다면, 자료 62는 이를 요약해서 보여 준다. 자료 62는 날짜별로 각 대주제가 전체 문서에서 차지하는 비중을 그렸다. 가장 큰 특징은 초기에 중국과 관련된 주제들 비중이 증가했다가 감소했다는 점과 확진 환자 정보 및 의료기관 대응 추이에 대한 주제들이 급격히 증가했다는 것이다. 2월 23일까지 언론에 나타난 코로나19 보도는 중국과의 연결을 중심으로 제시됐다. 2월 말 확진 환자 및 의료기관 대응에 대한 주제의 비중이 증가한 것은 확진 환자의 증가 추이를 고려하면 쉽게 이해할 수 있다. 2월 18일 이후 확진 환자 숫자가 급격하게 늘어나면서 그에 대한 정보가 증가했음을 추측할 수 있다. 그 외에도 코로나19가 장기화되면서 사회적 갈등과 경제문제 등의 비중이 점차 증가하고 있

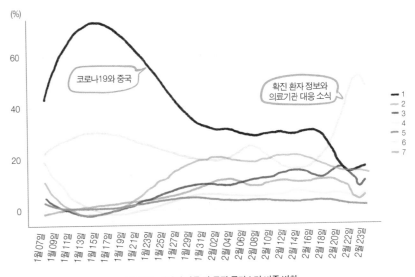

자료 62 시간에 따른 각 토픽 클러스터 비중 변화

(2020년 기준)

다는 점도 주목할 만하다.

마지막으로 여기서 분석 대상으로 삼은 언론 기사의 날짜별 숫자 변화도 흥미로운 패턴을 보여 준다. 기사 숫자는 2월 초부터 폭증하기 시작했다. 확진 환자 숫자가 30명이 안 되던 시점부터 무수한 기사가 쏟아져 나온 셈이다. 그리고 2월 말부터 확진 환자 숫자가 폭증했다. 무수한 기사 속의 말과 정보가 바이러스의 초기 확산을 효과적으로 억제하는 데 과연 도움이 됐는지는 별도로 따져 볼 부분이다.

우리는 물리적 세계 못지않게 중요한 말과 의미의 세계를 살아

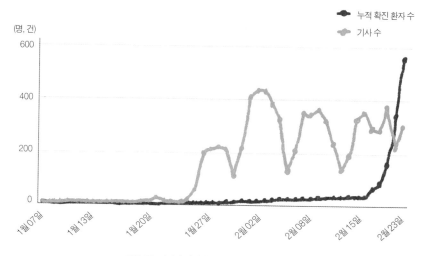

의 범례:
누적 확진 환자 수
기사 수

(명, 건)

자료 63 날짜별 기사와 확진 환자 숫자 (보건복지부)

간다. 말은 마치 바이러스처럼 사람을 통해 확산되고 우리의 인식에 영향을 미친다. 코로나19와 같은 재난 상황에서 말의 확산과 전파는 큰 영향력을 발휘한다. 그것은 우리의 재난을 증폭시킬 수도, 억제할 수도 있다. 이 상황에 개입하기 위해서는 방대한 언어 자료로부터 과학적인 방식으로 정보를 추출할 수 있어야 한다. 그래야만 정확하고 효과적인 방식으로 말의 세계에 개입하고, 우리의 삶을 개선할 수 있다. 앞선 분석은 이러한 시도의 일환이라고 할 수 있다.

사태가 발생한 지 한참 지난 지금 돌이켜보면, 초기에 언론이 쏟아낸 수많은 기사들이 우리가 손쉽게 실천할 수 있는 효과적인 자기방어 방법이나 주의점을 충분히 다루지 못했다는 것이 아쉽다. 확진 환자에 대한 사회적 비난이 무분별하게 쏟아지고 그것이 각종 부작용을 낳는 현실을 감안하면, 초기에 바이러스 감염자나 확진 환자를 바라보는 우리 사회의 포용적 태도를 촉구하는 내용과 논의도 함께했으면 어땠을까 하는 생각도 든다.

하지만 더 중요한 것은, 앞으로 지속적으로 코로나19를 둘러싼 말의 세계를 관찰하고 적절하게 대응하는 것이다. 무수한 말이 디지털로 기록되고 순환하는 지금, 이런 방식의 연구와 활동은 어느 때보다 중요하다. 최근 부상하기 시작한 텍스트마이닝의 여러 방법은 이런 작업에 큰 도움을 주는 유용한 도구가 될 것이다.

* 《한국일보》(2020년 2월 28일자) 칼럼 〈코로나19 초기부터 쏟아진 기사, 확산 방지에 도움됐나〉를 수정·보완한 원고임.
* R이라는 프로그래밍언어R Core Team, 2020와 tidyverse, tidytext, igraph, ggraph, slam, stm 등의 각종 라이브러리를 활용해 이 작업을 수행했음Csardi & Nepusz, 2006; Hornik, Meyer, & Buchta, 2019; Pedersen, 2020; Roberts et al., 2014; Silge & Robinson, 2016; Wickham et al., 2019.

13장

미디어의 변화와 사라지는 공론의 장

박형철

한국언론진흥재단 언론인연수팀장이며, 포스텍사회
문화데이터사이언스연구소 기획위원, 국민권익위원
회 청렴아카데미 자문위원, 국가인권위원회 인권교
육 자문위원으로 활동 중이다.

미디어의 변화와 사라지는 공론의 장

한국 사회에서 이슈의 생성과 소멸은 세계 어느 곳보다 빠르게 이루어진다. 다이내믹한 사건과 이슈도 많이 발생하지만, 이에 따라 뉴스도 신속하게 생산되고 소비된다. 한동안 코로나19 사태에 집중하던 뉴스 지면이 21대 국회 개원과 북한의 연락사무소 폭파, 법무부장관 아들의 군복무 논란, 재보궐선거 등으로 초점을 옮겨 간 것이 대표적이다. 이처럼 바쁘게 생겨났다 사라지는 이슈들은 사람들에게 어떻게 소비되고 있을까? 코로나19처럼 사람들에게 직접적인 영향을 미치면서 소비되는 특별한 이슈도 있지만, 대부분은 지면이나 영상 등 다양한 미디어를 통해 간접적으로 경험하게 된다.

뉴스는 기본적으로 생산자인 언론사에 의해 제공되고 유통된다. 뉴스 이용자들이 관심을 두는 쟁점과 뉴스를 적극적으로 찾아보기도 하지만, 대부분은 뉴스 제작과 유통을 언론사를 대표로 하는 생산 미디어의 선택과 판단에 맡긴다.

그런데 최근 미디어 분야의 기술 발전으로 새로운 정보 플랫폼과 채널이 늘어나면서 큰 변화가 일어났다. 젊은 세대들이 정해진 시간의 본방송을 시청하지 않고 다시보기를 통해 선택적으로 시청하면서 공중파 방송들도 유튜브 채널에 경쟁적으로 참여하게 된 것이다. 대표적으로 KBS 〈크큭티비〉, MBC 〈14F〉, SBS 〈스브스뉴스〉가 자체 제작 콘텐츠를 유튜브로 제공하고 있다.

이에 따라 기존 미디어의 위기에 대한 논의도 지속된다. 뉴스 제작 과정이나 기법의 변화도 기존 미디어 환경에 영향을 미쳤지만, 근본적으로는 뉴스 유통과 소비의 변화가 미디어 변화에 결정적 요인으로 작용하게 됐다. 대표적으로 공중파 방송의 광고 매출은 2019년 6,722억 원으로, 2014년 1조 2,927억 원 대비 48퍼센트나 감소했다. 게다가 얼마 전까지만 해도 '미디어'라고 하면 으레 떠올리던 텔레비전이나 신문을 이제는 레거시 미디어Legacy Media(레거시는 '유산'을 의미)라고 구분 지으면서 오래되고 구시대적으로 보는 게 자연스러운 시대가 됐다. 이렇게 달라진 미디어들은 우리에게 어떤 영향을 미칠까? 이번 장에서 변화하는 미디어 지형을 데이터로 살펴보고 그 의미를 알아보자.

2020년 미디어 이용 지형의 변화

———

2020년 5월, 아프리카TV의 한 방송이 화제가 됐다. 군 생활로 방송을 중단했다가 복귀한 한 BJ의 채널에 수십만 명의 시청자가 몰린 것이다. 프로게이머로 활동했던 그는 은퇴 후 아프리카TV와 유튜브 등 인터넷방송을 통해 크고 작은 기삿거리를 만들었다. 그런가 하면 일반인이었던 한 유튜버가 먹방으로 인기를 끌다가 갑작스러운 활동 중단을 선언해 여느 유명인 못지않은 관심을 끌기도 했다. 이처럼 연예인뿐 아니라 1인 미디어를 이끌어 가는 크리에이터들의 방송은 우리 사회의 미디어 이용 변화를 보여 주는 대표적인 사례라 할 만하다.

우리나라의 스마트폰 보급률은 95퍼센트로 전 세계 1위이다. 국민의 95퍼센트가 스마트폰을 가지고 있지만 활용도는 세대별로 다르다. 연령이 높을수록 통화와 문자메시지 등 휴대전화기 고유의 기능을 많이 사용하고, 연령대가 낮을수록 사진과 동영상, SNS 등 디지털 미디어 기능을 많이 사용한다.

세대별로 구분되는 미디어 이용은 기본적인 인식이나 가치관 차이로 연결된다. 특히 온라인 활동이 일상화되면서 과거 소수가 누리던 정보의 형태와는 다른 양상이 나타났다. 신문과 방송 등 기존 미디어가 이용자에게 일방향으로 정보를 전달하던 방식에서 미디어 이용자들이 상호간 정보를 공유하는 방식으로 바뀐 것이다.

2020년에는 코로나19로 인해 직접적 대면활동이 위축되고 온라인 공간에서 이용자 간 정보 교류가 점점 더 확대됐다. 이처럼 지식과 정보에 대한 욕구가 수직적 계승이 아니라 수평적 공유를 통해 해소되면서 일상 속 세대 간 소통의 기회는 더욱더 줄어들고 있다. 인터넷과 모바일 등 디지털 미디어 사용이 급증하면서 신문, 잡지, 라디오, 텔레비전 등 전통 미디어들의 공고하던 지위가 흔들리고, 기자, PD 등 콘텐츠 생산 전문가와 콘텐츠 보급과 유통 인력을 보유한 전통 미디어들이 모바일환경에 효과적으로 적응한 1인 미디어 크리에이터들로부터 생존을 위협받고 있다. 변화한 미디어 환경을

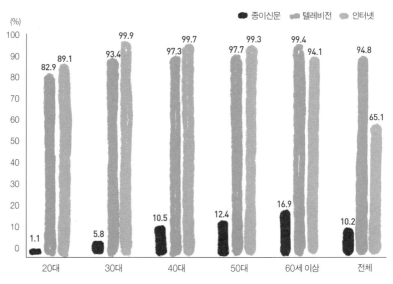

자료 64 **연령대별 미디어 이용률**
(지난 일주일 기준, 2020년 언론수용자 조사, 한국언론진흥재단)

파악하기 위해 우선 연령대별 미디어 이용 시간을 살펴보자.

자료 64를 보면 미디어 이용의 전반적인 양상과 향후 상황을 어느 정도 전망할 수 있다. 한국언론진흥재단의 조사에 따르면 연령대별 하루 평균 미디어 이용률에서 50대 이상은 아직까지 텔레비전을 더 많이 이용하고 있다. 하지만 40대 이하는 인터넷(모바일, PC)이 텔레비전을 뛰어넘고 있다. 특히 20대에서는 인터넷 이용률이 99.9퍼센트를, 종이신문 이용률은 1.1퍼센트를 기록했다. 전 연령대의 이용률을 조사한 다른 자료를 살펴보면, 인터넷 보급 초기인 2000년에는 44.7퍼센트였던 인터넷 이용률이 2010년에는 77.8퍼센트, 2018년에는 91.5퍼센트로 꾸준히 상승하고 있다. 한번 습관으로 자리 잡으면 비효율적인 경로임에도 벗어나기 어려운 경로 의존성이 디지털 미디어 이용에서도 나타나는데, 사용자가 인터넷 뉴스의 부작용을 인지하더라도 무의식중에 해당 매체를 계속 보는 것이다. 이를 고려하면 향후 디지털 매체의 활용 비중이 더 증가할 수 있다.

종이신문, 위기와 기회 사이에서

———

앞에서 전통적인 미디어인 텔레비전이 디지털 미디어에 밀리는 현상을 살펴봤다. 그렇다면 종이 매체인 신문은 어떨까? 가장 전통적인 뉴스 미디어인 신문은 1990년대 이후 지속적으로 구독률(일정 기간 특정 일간신문을 유료로 구독하는 가구의 비율)이 하락하고 있다. 《한국언론연감》에 따르면, 종이신문 열독률(구독 여부와 상관없이 최근 신문을 읽은 사람의 비율)은 모바일 기기 보급 초기인 2011년 44.6퍼센트에서 계속 하락해 2020년 10.2퍼센트로 나타난다.

하지만 종이신문의 구독률이나 열독률 하락이 신문 콘텐츠가 독자로부터 외면받는다는 것을 의미하지는 않는다. 종이신문을 포함해 모바일, PC, 텔레비전 등 다양한 수단으로 신문기사를 읽는 비율을 의미하는 결합열독률은 2020년 89.2퍼센트로 2018년 86.1퍼센트, 2019년 88.7퍼센트에 이어 꾸준히 상승하는 결과를 보인다. 종이신문 구독률은 하락하고 있지만 결합열독률은 모바일을 통한

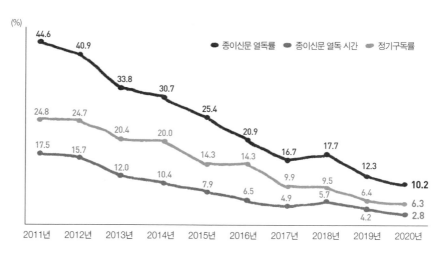

자료 65 2011~2019년 종이신문 열독률·열독 시간·구독률 추이(2019, 한국언론연감)

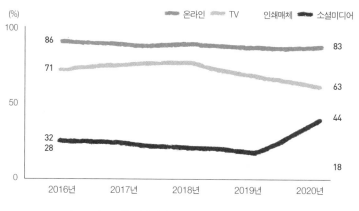

자료 66 **뉴스 이용 매체 변화**(2020, 로이터 디지털 뉴스 리포트)

뉴스 구독 증가로 오히려 상승하고 있다. 이는 신문이 제공하는 콘텐츠가 다른 대체 채널을 통해 꾸준히 소비되고 있음을 의미한다.

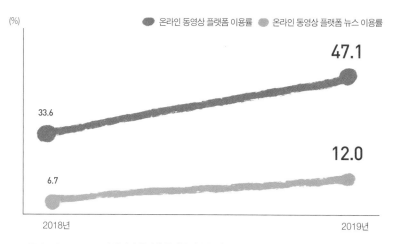

자료 67 **2018~2019년 온라인 동영상 플랫폼 이용률 및 뉴스 이용률**(2020, 로이터 디지털 뉴스 리포트)

로이터의 〈디지털 뉴스 리포트 2020〉에 따르면, 한국의 경우 종이신문 등 인쇄매체 이용률은 2016년 28퍼센트에서 2020년 18퍼센트로, TV 등 영상매체 이용률은 71퍼센트에서 63퍼센트로 하락했지만, 온라인 미디어의 뉴스 이용률 변화는 크지 않았다. 뉴스 자체의 소비가 감소했다기보다는 소비 채널이 변화한 것으로, 모바일 환경에 최적화된 소셜네트워크서비스나 소셜미디어 이용이 2019년부터 급속하게 증가했다. 특히 동영상 플랫폼인 유튜브에서 시사 및 뉴스 콘텐츠를 이용하는 비율이 1년 사이에 두 배 가까이 증가한 것으로 나타났다.

이러한 변화를 좀 더 자세히 살펴보기 위해 '유튜브'를 키워드로 2019년부터 2021년 2월까지 뉴스 기사 연관검색어를 분석해 봤다. 유튜브 서비스가 시작된 이래 유튜브의 성장을 이끈 콘텐츠 분야

자료 68 2019~2020년 유튜브 연관어(빅카인즈 서비스)

는 엔터테인먼트 영역이었다. 하지만 추출된 결과를 보면 '방탄소년단' '뮤직비디오'와 같이 엔터테인먼트나 생활 콘텐츠에 대한 언급도 있지만, '홍준표' '유시민' '홍카콜라' '알릴레오' 등의 연관어도 함께 등장한다. 유튜브가 시사 및 뉴스 플랫폼 역할도 하고 있음을 보여 준다. 동영상이 언론의 뉴스 보급 수단으로 활용되면서 진보든 보수든 각 진영의 지지자들은 보고 싶은 유튜브 뉴스 채널을 열성적으로 구독하고 있다. 그러나 이러한 편향된 뉴스 구독은 자신의 정치적 입장에 따라 선호하는 콘텐츠만 집중 소비한다는 면에서 또 하나의 편견 강화로 이어질 우려가 높다.

미디어 신뢰도의 변화와 소셜미디어 이용 편향

전통 미디어와 온라인 미디어 간의 경쟁은 콘텐츠 경쟁으로 이어지고 있다. 콘텐츠의 정확성, 유용성이 아니라 자극적이고 이목을 더 많이 끄는 콘텐츠 생산자가 승자가 되고 있다. 대중의 주목을 받기 위해 인터넷에는 자극적인 헤드라인과 콘텐츠가 넘쳐난다. 하지만 인터넷 기사나 온라인 방송에 대한 규제만으로는 한계가 있다. 법적으로 온라인 콘텐츠는 전파를 사용하지 않으므로 방송법 규제 대상이 아니다. 기술적으로도 현재 하루 수천 개 이상 올라오는 콘텐츠를 모두 모니터링하기 어렵다. 언론 규제가 표현의 자유를 침해한다는 반론과 IT 강국에서 콘텐츠 산업을 위축시킨다는 주장도 무시할 수 없다.

2020년 9월 주간지 《시사IN》이 발표한 〈2020년 대한민국 신뢰도 조사〉에 따르면, 우리 국민들이 가장 신뢰하는 언론매체는 유튜브와 네이버였다. '신문, 방송, 인터넷 언론, 포털사이트, 유튜브, SNS 등 우리나라의 모든 언론매체 중 가장 신뢰하는 매체를 순서대로 두 가지만 말해 주세요'라는 질문에 유튜브는 한 가지 매체만 선택할 때는 13.0퍼센트, 중복으로 선택할 때는 19.2퍼센트로, 조사를 실시한 이래 처음으로 신뢰도 1위에 올랐다. 네이버는 한 가지 매체만 선택할 때와 중복으로 선택할 때가 각각 11.4퍼센트, 17.9퍼센트로 2위에 올랐다. 특히 두 매체의 신뢰도는 30대 이하 계층에서 높게 나타나는 공통점을 보였다.

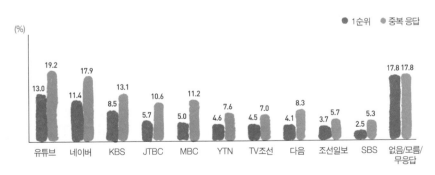

※ 그 외(1순위 기준): 한겨레(2.1), 채널A(2.0), TBS 교통방송(1.8), 구글(1.6), 연합뉴스TV(1.2), MBN(1.1) 등

자료 69 **가장 신뢰하는 언론매체 순위** (2020년 9월 시사IN)

온라인 미디어 확산에 따라 신문이나 텔레비전에 나오는 방송으로 뉴스를 접하는 비율은 지속적으로 낮아지고 있다. 이미 사람들은 과거의 수동적 독자에서 벗어나 자신이 보고 싶은 콘텐츠를 골라 보고, 소셜미디어에서 직접 맺은 관계들로부터 공유된 뉴스를 소비한다. 당연히 우려의 목소리도 높다. 소셜미디어는 그 속성상 내가 좋아하거나 같은 관심을 가진 사람끼리 연결되어 있다. 그 때문에 공유되는 콘텐츠 역시 같은 관심의, 비슷한 성향의 내용이 많을 수밖에 없다.

한편 유튜브가 자극적인 콘텐츠에 광고를 붙이지 못하게 하는 '노란 딱지' 정책을 도입하면서 유로 기능인 슈퍼챗이 수익모델의 대안으로 시도되고 있다. 전 세계에서 슈퍼챗을 가장 많이 받는 유튜브 채널 1위는 〈가로세로연구소〉이다. 이뿐만 아니라 슈퍼챗 100위 안에 한국의 유튜브 채널이 15개나 차지하고 있다. 이 중 7개가 진보성향, 8개가 보수성향으로 분류된다. 〈시사타파TV〉가 3억 2,000만 원으로 21위, 〈신의한수〉가 2억 4,000만 원으로 43위를 기록했다. 감정을 자극하는 콘텐츠에 진보와 보수 양측 지지자들의 후원이 이어지는 것이다.

로이터의 〈디지털 뉴스 리포트〉 조사 결과, 한국은 '나와 같은 관점을 공유하는 언론사의 뉴스'를 선호하는 비중이 44퍼센트에 달한다. 조사 대상 40개국의 평균 응답률인 28퍼센트보다 16퍼센트나 높은 비율이다. 이렇듯 동류집단 간 관계로 인해 나타나는 영향을

'동종 선호 효과'라고 한다. 사회공동체의 발전을 가져오는 활동에서는 꼭 필요한 긍정적 측면이 있지만, 뉴스 소비에서 동종 선호는 다양한 관심에 기반을 둔 균형 잡힌 시각을 갖추는 데 오히려 방해가 된다. 나아가 자신의 기호에 맞는 정보만 소비하게 되는 '확증편향'에 빠지기 쉽다. 특히 세대 간 뉴스 채널의 차이가 벌어지는 현상에 대해서는 사회적 관심과 주의가 필요하다. 과거에는 공론의 장 역할을 하는 매체를 두고, 세대 간 생각의 차이가 어떤지 서로 알고는 있다는 전제 아래 동의하지 않는 현상이 발생했다면, 지금은 생각의 차이 자체에 관심이 없고 다름에 대한 거부감만 존재하기 때문이다. 사회를 인식하고 판단할 때 그 근거를 대는 정보의 채널이 다름에서 결정적인 이유를 찾을 수 있다. 세대 간에 이용하는 미디어와 정보 채널의 차이가 크면 클수록 앞으로 그 간극은 더 커질 것이다. 공동체를 유지하는 지식, 윤리, 정서 등이 한 세대에서 다음 세대로 자연스럽게 소통되고 이어지지 않는다면 그 공동체는 건강하게 지속될 수 없다. 미디어 지형의 변화가 급속하게 진행되고 있지만, 균형 잡힌 뉴스 미디어의 역할은 여전히 중요한 과제이다.

14장

코로나19와 정보격차

배영

～～～

숭실대학교 정보사회학과 교수를 거쳐, 현재 포스텍 인문사회학부 교수로 재직 중이다. 한국정보사회학회 회장을 맡고 있으며 저서로는 《지금, 한국을 읽다》 (공저) 《압축 성장의 고고학》 (공저) 《소셜미디어 시대를 읽다》 (공저) 《사회자본》 (공역) 등이 있다.

코로나19와 정보격차

2021년에도 코로나19의 기세는 꺾이지 않았다. 2020년 초 코로나19로 인한 신규 확진 환자가 생겨난 후 위기 극복을 위해 다양한 처방이 제시되고 있다. 동시에 포스트 코로나19와 새로운 표준(뉴노멀)에 대한 전망 역시 사회 각 분야에서 활발한 논의로 나타나고 있다. 특히 언택트로 표현되는 비대면 상황은 감염병 위기에 대응하기 위한 불가피한 선택이었지만, 이제는 또 다른 삶의 방식으로 자리잡고 있다. 디지털 기술이 물리적 단절들을 이어 주고, 메워 주고 있기 때문이다.

세계적으로 빅데이터와 인공지능에 기반을 둔 디지털 전환, 디지털 트랜스포메이션Digital Transformation이 진행 중이다. 산업 전반은 물론 교육과 문화, 개인의 일상에 이르기까지 디지털 기술이 혁신적 패러다임의 전환을 가져오는 상황이다. 1990년대 말 인터넷 기반의 정보화 시기에도 사회 전반에 대전환이 일어났다. 그런데 당시의 정보화 과정이 행위자의 필요와 욕구에 따라 의식적 차원

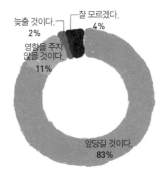

코로나19, 디지털 시대 전환을 앞당길까?

늦출 것이다.
2%

잘 모르겠다.
4%

영향을 주지
않을 것이다.
11%

앞당길 것이다.
83%

디지털 시대 전환, 우리 사회에 긍정적일까?

부정적인 영향
20%

긍정적인 영향
80%

자료 70 코로나19와 디지털 대전환에 대한 인식 비율
코로나 사태 초기에 실시한 인식조사에서 국민들은 위기 상황에도 디지털 대전환에 있어서는
긍정적 영향을 미칠 것으로 보고 있다.
(2020. 5. 8.~11., 응답자 1,000명 기준, 한국리서치 정기조사 〈여론 속의 여론〉)

코로나19가 정보격차 문제를 심화시킬까?

심화시킬 것이다. 51%	큰 변화가 없을 것이다. 34%	완화시킬 것이다. 15%

자료 71 코로나19와 정보격차에 대한 인식 비율
국민인식 조사에서 코로나19를 겪으며 현재의 정보격차는 보다
심화될 것이라는 전망이 과반수를 차지한다.
(2020. 5. 8.~11., 응답자 1,000명 기준, 한국리서치 정기조사 〈여론 속의 여론〉)

에서 이뤄지는 합리적 선택의 결과였다면, 현재의 디지털 대전환기
는 개인 선택의 폭이 상대적으로 매우 좁다는 특징을 가진다. 사회
각 영역에 걸쳐 자동화된 메커니즘과 알고리즘의 구조 속에 놓인
개인은 이미 고도로 짜인 틀 속에서 선택지를 부여받기 때문이다.

그렇다고 제공되는 선택지가 비합리적이거나 개인에게 불편을 초래하는 것은 아니다. 축적된 행위와 알고리즘에 기반을 두고 맞춤형으로 추출된 것이기에 적합도는 매우 높다. 코로나19 상황은 기존의 변화를 더욱 가속화시키고 있다. 편리와 편의를 제공하는 수많은 기술의 유입과 함께, 일상화된 비대면 상황이 온라인과 디지털에 대한 의존도를 높이는 사회적 조건에 결합된 것이다.

디지털 전환을 바라보는 한국인의 시선

우리 국민들도 코로나19가 가져온 변화를 체감하고 있다. 한국리서치 조사 결과, 83퍼센트의 국민이 지금 겪고 있는 코로나19가 디지털 시대로 대전환하는 시간을 단축할 것으로 예상했다. 또 80퍼센트의 국민이 그렇게 단축될 미래의 시간이 우리 사회에 긍정적 영향을 미칠 것으로 보았다. 하지만 같은 조사에서 코로나19를 통해 우리 사회의 정보격차 문제는 더 심각해질 것이라는 우려도 나타났다. 디지털 전환이 우리 사회에 긍정적인 영향을 주는 반면, 긍정적이라 할 수 없는 정보격차 또한 심화될 것이라고 전망하고 있다. 조사 결과에 나타난 응답자들의 생각을 풀어 보면, 디지털 시대로의 전환이 개인들의 삶의 질 향상 등 보편적 혜택을 증가시키겠지만 디지털을 둘러싼 상대적인 이용격차 또한 심화될 것이라고 보는 것이다.

정보격차가 단순히 정보 활용의 차이에만 머무른다면 일상에서 다소 불편을 감수하는 정도에 그칠 것이다. 하지만 시간의 경과에 따라 기존의 사회경제적 불평등을 심화시킬 수 있다는 점에서 문제가 심각하다. 학습과 업무의 효율을 높이는 데 정보 활용 역량은 매우 중요한 요소로 작용한다. 같은 일을 하는 상황에서 정보 활용 역량에 따라 생기는 성과의 차이는 불가피하다. 아예 취업을 위한 조건으로 정보 활용 능력이 명시되는 것도 당연시 되고 있다. 그동안 정보격차 해소를 위한 사회적 노력이 이어져 왔지만, 특히 코로나19 사태로 비대면 상황이 강요되면서 정보격차로 인한 문제는 먼 미래 속 우려가 아닌 현실로 다가오고 있다.

특히 코로나19 상황에서 대다수의 국민들이 학생 혹은 학부모라는 이해관계자로 얽혀 있는 학교 현장에서 정보격차로 인한 문제가 본격적으로 나타났다. 비대면 상황에서 온라인을 기반으로 하는 새로운 교육 환경은 가르치는 입장과 배우는 입장 모두에게 곤혹스럽다. 그동안 교육 현장에서 선생님들이 겪은 정보격차 문제는 일차적인 기술 수용의 문제였다. 늘 디지털 소비자로 살아오다가 새롭게 디지털화된 교육 콘텐츠의 생산자로 변모해야 하는 선생님들의 어려움이 두드러졌다. 온라인 맞춤형 수업 진행과 학습지도안 마련을 위한 노고도 새로운 부담이었지만. 더 큰 어려움은 '개방open'이 주는 강박에 있었다. 교실의 벽이 없어지면서 자신의 강의가 비교 가능한 콘텐츠로 대상화되기 때문이다. 어느 순간, 온라인 활용의 차이가 교육 능력의 차이로 변한 것이다.

학생들과 학부모들에겐 교육격차의 원인으로 정보격차의 의미가 중요하다. 경제적으로 어려운 가정에서는 온라인 학습을 위한 기기나 공간 마련이 쉽지 않다. 특히 사회적 거리 두기가 강화되어 공공시설과 카페가 문을 닫은 시기에는 더욱 막막하다. 또 비대면 수업의 특성상 많은 정보의 제공은 이루어지지만 각 학생들의 이해 여부를 꼼꼼히 따지기는 쉽지 않다. 따라서 기존 상, 하위권 학생 간의 격차가 커질 가능성이 더 높아졌다.

민원으로 본 한국인의 일상 회복 욕구

———

이러한 불안과 우려는 실제 국민들의 목소리에서도 잘 드러난다. 2020년 1월 1일부터 9월 17일까지 코로나19와 관련해 국민권익위원회에 제출된 33만 3,562건의 민원 대상을 분석해 봤다. 수많은 민원 중 가장 큰 비중을 차지한 유형으로 세 가지가 추출됐는데 '방역' '생활' '교육'이었다. 이 중 방역 관련 민원은 확진 환자 정보나 마스크 보급을 포함해서 국민 안전과 직접 관계된 내용이었고, 생활민원도 교통, 주거, 환경, 상거래, 노동 등 매우 다양한 영역을 포함하고 있었다.

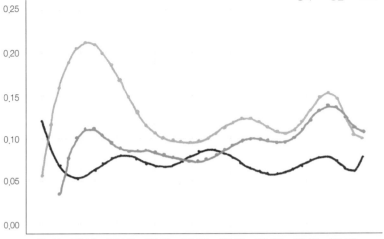

자료72 **코로나19 관련 민원 추이**
국민들이 국민권익위원회에 제출한 코로나19 관련 민원 중 가장 큰 비중을 차지한
세 가지 영역은 방역, 생활, 교육 관련 내용이다. 시간에 따라 다소의 비중 변화가 나타나고 있다.
(국민권익위원회의 민원자료를 포스텍 사회문화데이터사이언스 연구소에서 분석)

    자료 72를 보면 방역과 생활 관련 민원은 쌍봉형 구조로 나타난
다. 확진 환자가 급증하면 모두 증가한다. 그런데 1차 대유행 시기
와 2차 대유행 시기는 약간 다른 양상이 나타난다. 2월에서 3월로
이어지는 1차 대유행 시기는 방역 민원의 양이 압도했던 반면, 8월
에서 9월로 이어지는 2차 대유행 시기에는 방역과 생활 민원이 거
의 같은 수준으로 나타났다. 2차 대유행 시기에는 안전도 중요하지
만, 장기화된 위기 속에서 일상 회복과 유지에 대한 욕구가 그에 못
지 않았다고 볼 수 있다.

아울러 중요한 함의를 가진 것은 교육 관련 민원이었다. 교육 관련 민원은 단일 영역이지만 거의 모든 국민에게 영향을 미치는 사안이기에 코로나19 유행 시기와 상관없이 꾸준한 양상을 나타내고 있었다. 비대면 상황이 본격화되면서 시작된 원격 수업으로 교육 당사자들이 많은 어려움을 겪고 있었지만, 확진 환자 수에 따라 들쑥날쑥했던 학생들의 등교 여부는 학부모들의 일상도 불확실하게 만들었기 때문이다. 특히 맞벌이 부부의 비율이 높은 초등학교 저학년 학생의 가정은 돌봄과 교육이라는 이중 부담이 고스란히 부모에게 지워질 수밖에 없었기에 어려움은 더욱 컸다. 민원은 불편과 불만이 있어야 나타나는 것이다. 교육 관련 민원의 추이가 꾸준한 양상을 나타낸 것은 그만큼 위기 상황에서의 교육제도에 혼란과 불안이 지속된 것으로 볼 수 있다.

코로나19라는 전에 없던 고통의 시간 속에서도 우리 국민들은 잘 이겨내고 있다. 동시에 급변하는 디지털 대전환에 대해서도 긍정적으로 바라보고 있다. 하지만 동시에 디지털 대전환 과정에서 나타날 수 있는 또 다른 배제와 불평등에 대한 우려 그리고 뒤처진 대응은 정보격차를 심화시킬 것으로 판단하기도 한다. 코로나19 이후의 대전환을 겪으며 사회 전체는 더 나은, 효율적인 방향으로 발전하겠지만 '나'는 힘들어질 것으로 예상하는 것이다.

사회는 발전하지만 그 속의 개인은 힘들어지고 불평등의 정도가 커진다면 좋은 사회라 할 수 없다. 코로나19라는 불확실성의 통제

만으로도 정부는 버거울 것이다. 하지만 그 과정에서 새로운 불평
등의 양상을 세심히 살피려는 노력 역시 중요하다. 많은 관심과 지
속적인 우려가 나타나는 교육 영역에서부터 시작해 보자. 공정과
포용의 틀에 기반해서 말이다.

15장

데이터로 본 한국인의 삶의 질

배영

~~~

숭실대학교 정보사회학과 교수를 거쳐, 현재 포스텍 인문사회학부 교수로 재직 중이다. 한국정보사회학회 회장을 맡고 있으며 저서로는 《지금, 한국을 읽다》[공저] 《압축 성장의 고고학》[공저] 《소셜미디어 시대를 읽다》[공저] 《사회자본》[공역] 등이 있다.

데이터로 본 한국인의 삶의 질

대한민국보다 이슈의 생성과 소멸이 빈번한 나라가 있을까? 산업화와 민주화를 동시에 겪은 나라들 중 15년간 두 차례나 대통령 탄핵을 경험한 나라가 있을까? 낮은 출산율과 급속한 고령화, 높은 자살률, 장기화된 경제침체, 심화되는 양극화, 멀게만 느껴지는 사회통합 등 쌓여 가는 문제들은 해결의 실마리를 찾기 쉽지 않다. 그렇다면 격변하는 사회 속 구성원들의 삶은 과연 편안할까? 내일을 바라보며 꾸려 가는 삶의 방정식은 어떤 모습일까?

삶의 질Quality of Life, QoL 지표는 국민들의 삶을 종합적으로 파악하기 위해 활용된다. 삶을 가치 있게 만드는 요소들에 기반해 객관적인 생활 조건과 시민들의 주관적 인지 및 평가를 측정하고 구성한다. 우리나라는 통계청에서 국민 삶의 질 지표Korean Quality of Life를 생산해 정책적 대응을 위한 자료로 활용하고 있고, 국제연합UN은 매년 〈세계 행복 보고서World Happiness Report〉를 발표한다. 경제협력개발기구OECD 역시 매년 가입국을 대상으로 〈더 나은 삶 지수

Better Life Index)를 조사한다. 이처럼 같은 성격의 체계화된 지표를 통해 국가별 현황을 파악하고 비교·분석하는 연구는 지속되고 있다. 이제부터 삶의 질과 관련한 데이터를 분석해 과거부터 현재까지의 우리 삶을 살펴보자.

2000년대에 등장한 '시민', 삶의 질에서 능동적 주체로 자리매김

삶의 질 파악은 특정한 영역을 대상으로 소수의 양[量]적 지표에 한하는 것이 아니라 다각적이고 종합적으로 이루어진다. 한국 사회에서 삶의 질에 대한 관심 추이를 살펴보기 위해 우선 지난 30년간 기사에 나타난 관련 내용을 알아봤다. 한국언론진흥재단의 빅카인즈 서비스를 활용하여 1990년부터 현재까지 총 5,835만 건의 기사를 대상으로 삶의 질에 대한 연관어를 시기별로 비교하면 다음과 같다.

먼저 1990년대에는 삶의 질에 대한 사회적 논의가 일의 영역에서 주로 나타났다. '경쟁력'을 기반으로 '경제성장'을 통해 안정된 생활을 영위하는 것에 우선적인 관심을 두었다. '기본구상'과 '정책과제'라는 단어에서 볼 수 있듯이, 삶의 질 개선을 위한 다각적인 관심과 접근이 있었다기보다는 성장의 결과로서 삶의 질이 이해됐다.

IMF 외환위기를 극복한 2000년대에 들어서는 삶의 질에 대한

근로자 정책과제 노사관계 OECD
생활방식 행정력
기본구상 **경쟁력** 경제성장
복지구상 정보화사회
민주화 세계화 선진국 건강증진
교통사고

자료 73 1990~1999년 삶의 질 연관어

고령화 **주민들** 지역사회 우울증 OECD
일자리 울산 부산 당뇨병
GDP **시민들** 복지부 고혈압
농림부 노인들
경쟁력 활성화 생산성 수도권

자료 74 2000~2009년 삶의 질 연관어

근로자 우리나라
경제적 지역주민 중국
농어촌 **일자리** 우울증
경제성장 유방암
가속화 국내총생산 GDP OECD 경쟁력

자료 75 2010~2019년 삶의 질 연관어

관심이 본격화됐다. '시민'과 '주민'이 두드러진 연관어로 나타났으며, 정책 차원에서 대상화된 객체가 아니라 삶의 능동적 주체로서 등장했다. '지역사회'와 건강 관련 연관어나 '고령화' '노인들'도 나타나 삶의 질을 구성하는 요인과 범위가 확장되는 양상을 보인다.

반면 삶의 질과 관련한 최근의 관심사는 '일자리'에 집중됐다. 일반적으로 일상 영역에서 객관적인 조건이 개선되고 사회가 성숙해지면, 삶의 영역에서 비물질적 가치에 관심이 높아진다. 하지만 우리 사회에서는 시간이 흐름에 따라 오히려 물질적 기반이라 할 수 있는 '일자리'가 압도적인 중요성을 나타내고 있다. 그만큼 부족한 일자리가 시급한 문제로 판단되지만, 근원적으로 삶의 질이 개선됐는지에 대한 파악도 필요해 보인다.

이번에는 기사 내용 분석을 통해 삶의 질 추이를 살펴보자. 삶의

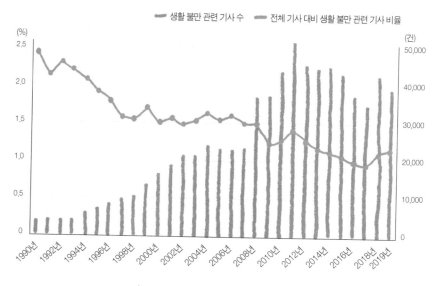

자료 76 일상생활 불만 관련 기사 건수와 비율
일상생활에서 불만스러운 일들에 대한 기사 건수는 1990년 이후 증가하다가 2011년을 기점으로 감소하는 추세를 보이는 반면 전체 기사에서 차지하는 비율은 지속적으로 감소하는 양상을 보인다.
(한국언론진흥재단 빅카인즈 서비스에서 추출)

질을 직접 측정한다는 것이 쉽지 않기 때문에 반대로 삶의 질을 저해하는 요소들에 대한 기사 추이를 통해 분석했다. 우선 생활 영역에서 나타나는 불만이나 불편, 부족 등의 단어가 삶의 질과 함께 언급된 기사를 추출했다. 먼저 생활 불만 관련 기사의 수를 파악해 보니 전반적으로 꾸준히 증가하다가 2011년을 기점으로 줄어드는 양상을 보였다.

이를 좀 더 객관적으로 파악하기 위해 생산된 전체 기사에 대한 생활 불만 관련 기사의 비율을 그래프에 나타냈다. 생활 불만 기사들이 양적으로는 늘고 있지만 비율로 보면 줄어드는 게 눈에 띈다. 즉 관련 내용에 대한 기사량은 늘었지만 사회적으로 논의되는 불만의 정도는 낮아진 것이다. 간접적으로나마 삶의 질은 조금씩 개선되고 있음을 확인할 수 있다.

OECD 국가 중 하위권에 머무는 삶의 질

───

좀 더 객관적인 차원에서 우리 사회의 삶의 질을 살펴보기 위해 OECD에서 제공하는 더 나은 삶 지표Better Life Index, BLI를 활용했다. BLI는 주거·소득과 소비·고용·가족과 공동체·교육·환경·시민참여·건강·삶의 만족·안전·일과 삶의 균형이라는 11개 영역에 대한 24개의 지표로 구성되며, 영역별 점수의 국가별 분포를 통해 각국의 삶의 질 수준을 가늠한다. 우리나라는 조사 대상 40개국 중 2017년 29위에서 2020년 30위를 기록해 큰 변화가 없었다.

좀 더 세부적인 내용을 살펴보기 위해 영역별로 삶의 질 충분도를 나타내는 지표값과 함께 상대적 비교를 위한 국가 순위도 파악했다. 지표값은 각 영역별로 적게는 3개에서 많게는 9개까지의 하위 항목값을 종합해서 산출한다. 예를 들어 '건강' 영역의 지표값은 '건강수명'과 '기대수명' 그리고 '비만율' '신체활동 실천율' 등을 포함한 7개의 항목을 종합해서 산출한다.

주요 영역의 결과를 살펴보면, 시민참여는 OECD 국가들 중 지표값과 함께 순위에서도 2위에 기록되는 등 전체 영역 중 두드러진 우위를 보인다. '평화시위' '촛불 혁명'으로 대표되는 정치 효능감(시민이 정치에 참여함으로써 얻는 만족감)의 영향이라 판단된다. 주거와 교육, 고용 영역은 비교적 좋은 상황을 보여 주지만, 건강과 일·삶의 균형, 환경 영역은 아주 나쁜 상황임을 알 수 있다. 안전의 경우, 안전한 사회라고 할 수 있는 기준에는 충분히 도달했지만 인명사고, 산업재해 등에서 다른 나라에 비해 결코 높은 수준이 아님을 나타내고 있고, 주 52시간 근무제를 통해 저녁이 있는 삶을 도모하고자 했던 정책 대응도 아직 갈 길이 멀다는 것을 보여 준다. 실질소득 감소와 미세먼지로 인한 환경 영역에서의 불안은 이제 변수가 아닌 상수가 됐다.

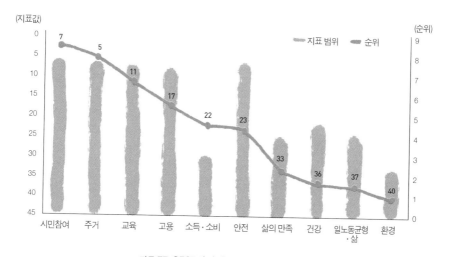

한국인의 마음, 대책에 앞서 파악이 우선

우리의 삶을 구성하는 요소는 워낙 많기에 어느 한 가지 요소를 개선시키는 것만으로는 삶의 질이 갑자기 좋아지지 않는다. 그럼에도 국민의 삶에서 어떤 요소가 불편하고 부족한지 살피는 것이 국가의 일이다. 국민의 삶, 즉 민생에 대한 파악은 어떤 대책보다 시급하고 중요하다. 철저한 조사 없이 미루어 짐작하거나 선거 때만 되면 난무하는 공약처럼 민생을 동원할 것이 아니라 차분하고 일관된 태도로 파악해야 한다.

누군가는 다른 의견을 낼 수도 있다. 행복의 척도는 개인마다 다르고 각자가 스스로 느끼는 부분이기에 국민이 현재 삶에 만족한다면 그대로 두는 것이 최선이라고 말이다. 행복이나 삶의 질이 갖는 주관적 성격 때문에 언뜻 타당한 의견이라 할 수 있다. 하지만 경험해 보지 못한 상황이기에 인식조차 하지 못하고 아예 배제되고 방치된 삶이 있다면, 그 부분이 바로 국가정책이 개입될 지점이다. 애초에 선택의 여지가 없었거나 강요된 선택만 존재하는 것이 아니라 개인들이 자신의 삶의 질 개선을 위해 도모할 수 있는 일들이 많아져야 사회가 비로소 발전하게 될 것이다.

* 1990년 1월~2019년 10월 동안의 방송보도 및 신문 기사 데이터를 추출했음 (총 기사 수 58,352,009건, 한국언론진흥재단 빅카인즈 서비스).

16장

사회적 거리 두기 1년,
새로운 연대를 위하여

배영

숭실대학교 정보사회학과 교수를 거쳐, 현재 포스텍 인문사회학부 교수로 재직 중이다. 한국정보사회학회 회장을 맡고 있으며 저서로는 《지금, 한국을 읽다》 《압축 성장의 고고학》^(공저) 《소셜미디어 시대를 읽다》^(공저) 《사회자본》^(공역) 등이 있다.

사회적 거리 두기 1년, 새로운 연대를 위하여

뭉치면 살고 흩어지면 죽는다?

———

'하면 된다'라는 슬로건은 모든 것이 부족하고 인적 자원만 넘쳐났던 1960~70년대의 기성세대들이 척박한 환경에서 산업화와 경제성장을 이룩하게 한 말이다. 조금 더 역사의 줄기를 타고 올라가면 '뭉치면 살고 흩어지면 죽는다'라는 격문도 접하게 된다. 혼자 힘으로는 감당하기 어려운 일들이지만, 함께 도모하면 할 수 있는 일이 많아진다는 이야기다. 에둘러 표현하지 않고 직접적이고 단호하게 말함으로써 닥치는 대로 할 수밖에 없었던 시대 속 결연함이 잘 전해진다. 그런 결기 속에 진행된 우리 사회의 발전은 '동아시아의 기적'으로까지 불리며 후발 산업화 국가들에겐 롤모델처럼 자리 잡았다.

하지만 상황이 달라졌다. 코로나19로 촉발된 위기 상황은 전 세계적으로 뭉치면 안 된다는, 흩어져야 한다는 절박한 메시지를 던지고 있다. 비말로 인한 전염을 막기 위해 2미터 거리 두기는 기본

223

이 되었고, 가능한 한 외부 활동을 자제하며 집 안에 머무르는 생활이 요구되었다. 또 위기 대응 단계에 따라 5인 이상의 사적 모임은 금지되는 등 물리적 거리 두기가 마스크 착용과 함께 방역을 위한 제1원칙으로 강조되었다.

방역을 위한 상황 속에서 거리 두기는 선택이 아닌 강제된 환경이자 삶의 방식이 되었다. 함께 살아가는 사회에서 당연하게 생각되던 일들이 금지되었고, 기본적 업무 수행이나 생활 운용을 위해선 대안적 방식이 마련되어야 했다. 코로나라는 팬데믹도 처음 겪는 일이지만, 특정 지역이나 대상에 한정된 것이 아닌 모두가 참여해야 하는 강제적 거리 두기 또한 처음 경험해 보는 일이다. 코로나 초기부터 시행된 사회적 거리 두기에 대해 사람들은 어떤 생각을 하고 있는지, 겪으며 느낀 바는 무엇인지 살펴봤다.

코로나19의 전개와 거리 두기
———

2020년 1월 20일, 국내에서 첫 코로나 확진 환자가 발생했다. 하지만 새롭고 전염성이 강한 코로나바이러스가 우리의 일상과 생계마저 위협하게 될 것이란 사실을 깨달을 때까지는 한 달가량이 더 필요했다. 정확하게는 2020년 2월 18일, 31번째 확진 환자가 대구의 신천지교회 예배에 참석했다는 사실이 알려지고 대구·경북 지역에 확진 환자가 급증하면서부터다. 2월 23일 코로나 위기 경보가 '심각' 단계로 격상되자, 다음날 서울시는 확산을 막기 위한 일곱 가지 종합대책과 함께 시민행동요령을 공개했다. 그중 하나가 '불필요한 외출 자제를 통한 사회적 거리 두기'였다. '거리 두기'가 언론에서 본격적으로 언급되기 시작한 것도 이즈음이다.

당시 사회적 거리 두기가 1년 넘게 지속될 것이라고 예상한 사람은 거의 없었지만, 이 조치는 지난 1년간 우리 건강의 확실한 수호자인 동시에 일상을 통제하고 생계마저 위협하는 압제자 역할을 했다. 거리 두기와 관련된 공적 관심이나 이슈가 무엇인가를 살펴보기 위해 닐슨코리아의 버즈워드 시스템을 이용해 2020년 2월 1일부터 2021년 2월 14일까지 거리 두기 관련 뉴스 기사를 분석해 봤다. 총 108만 1,194건, 뉴스 댓글 총 47만 8,211건, 지식검색 총 9만 9,522건의 내용을 분석했고, 관련 기사 댓글 분석은 해당 이슈에 대한 사람들의 직접적인 생각을 살펴보기 위함이었다. 또 거리 두기와 관련한 정보나 각종 행정 조치 등에 대해 사람들이 궁금해하는 바를 파악하기 위해 지식검색을 활용했다. 전체 기간의 효과적인 비교 분석을 위해 1차 대유행이 이어졌던 2020년 2~7월을 1기, 2차 대유행 기간인 8~10월을 2기, 3차 대유행 기간인 2020년 11월부터 2021년 2월까지를 3기로 구분했다.

시기별로 구분되는 가장 큰 특징은 동일 주제에 대한 기사와 댓글, 지식검색에서의 언급량이 다른 양상으로 진행된 점이다. 댓글

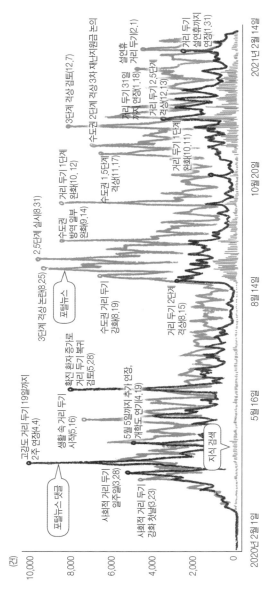

자료 78 주요 일자별 거리 두기 관련 인터넷뉴스 및 댓글, 지식검색 언급량
(닐슨코리아 버즈워드 시스템)

은 1기에 가장 많이 생산됐고, 기사는 2기에 가장 많았으며, 지식검색은 상대적으로 3기에 가장 많았다. 특정 주제에 관한 기사와 댓글 그리고 지식검색의 생산량은 서로 비례하는 것이 일반적이다. 그런데 매체별로 언급량이 기존과 다르게 나타났다는 것은 거리 두기 1년 동안 언론의 관심과 독자의 관심이 괴리돼 있었다는 것으로 해석할 수 있다.

채널별 언급량의 피크 시점들을 비교해 보면 그 차이점을 짐작할 수 있다. 우선 하루를 기준으로 가장 많은 기사가 생산된 날인 지난해 8월 31일은 수도권 거리 두기가 2.5단계로 격상된다는 발표가 있는 날이지만, 10월 21일 거리 두기가 1단계로 완화된 날에도 비슷한 양의 기사가 생산됐다. 반면 댓글은 거리 두기가 강화되거나 조치가 연장된 날에만 늘어났다. 가장 많은 댓글이 작성된 지난해 4월 4일은 고강도 거리 두기가 2주 연장된 날이었다. 민심은 거리 두기 강화나 연장에 더 민감하게 반응한다. 3기에 지식검색 활동이 활발하게 벌어진 것은 정부 지원제도 관련 질의응답이 증가한 것으로 거리 두기 장기화로 인해 자영업자와 소상공인의 어려움이 점점 커지고 있음을 의미한다.

다음으로 기간별 비교를 통해 거리 두기와 관련한 민심의 내용이 어떻게 변화했는지 분석했다. 거리 두기를 키워드로 하여 동시 출현한 연관어의 분포를 살펴봤더니, 1기에는 코로나 발생 초기의 혼란이 눈에 띈다. 댓글 연관어 1위가 '마스크'라는 점은 3월 9일

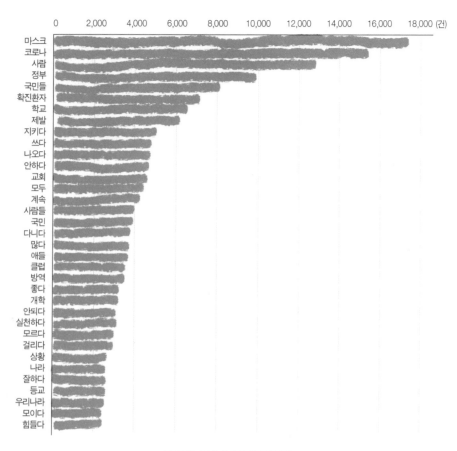

자료 79 1기 뉴스 댓글 연관어 비중

‘마스크 5부제’를 시행해야 했을 정도로 마스크 부족이 심각했던 상
황을 보여 준다. 또 개학이 자꾸 연기되던 상황을 반영해 ‘학교’(7위)
‘개학’(24위) ‘등교’(32위) 등의 단어가 상위에 올랐다. 이 시기 거리
두기 관련 부정적 정서를 보여 주는 연관어로는 ‘힘들다’(35위)가 제

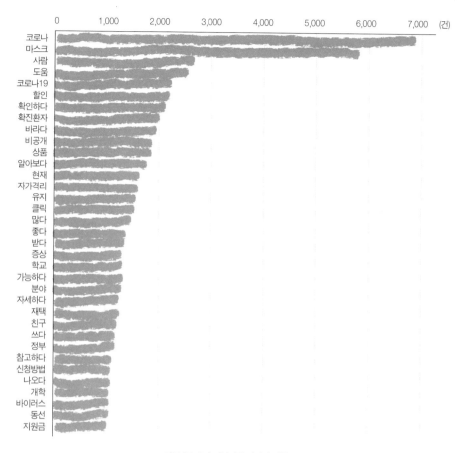

자료 80 1기 지식검색 연관어 비중

일 많이 등장한다. 그런데 '힘들다'는 2기에는 55위, 3기에는 57위로 상대적 빈도가 줄어들고 있다. 거리 두기에 대한 적응력이 점점 커지고 있기 때문으로 보인다.

2기에는 6월 28일부터 '생활 속 거리 두기' 등 제각각이었던 명칭

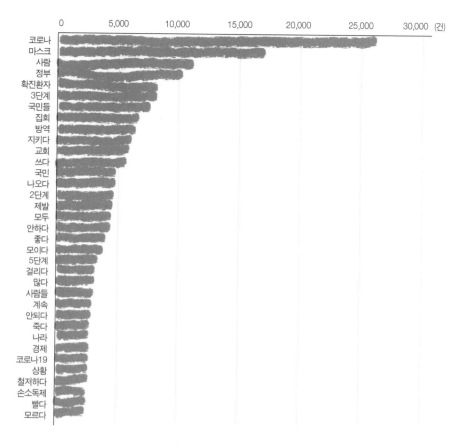

자료 81 2기 뉴스 댓글 연관어 비중

이 '사회적 거리 두기'로 통일되고, 유행의 심각성에 따라 방역 조치 강도가 1~3단계로 구분되고 본격 시행되면서 관련 규칙을 익히려는 노력이 나타난다. 지식검색 연관어에서 '1~3단계'가 최상위에 올랐고, 댓글에서도 '3단계'가 7위, '2단계'가 15위를 차지했다. 또

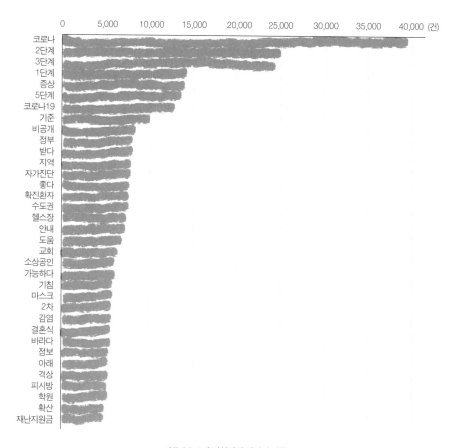

자료 82 2기 지식검색 연관어 비중

2차 대유행을 시작으로 거리 두기가 장기화되면서 소상공인과 자영업자, 특수형태근로종사자 등 취약계층 지원에 대한 관심이 커지기 시작했다. 댓글에 '경제'(29위) '식당'(49위) '자영업자들'(50위) 등이 상위에 올라오기 시작했고, 지식검색에는 '소상공인'(21위) '재난

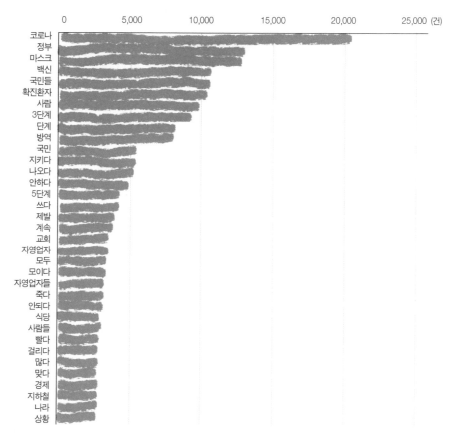

자료 83 3기 뉴스 댓글 연관어 비중

지원금'(35위)이 빈번하게 언급됐다.

3기는 거리 두기에 대한 국민의 관심이 방역보다는 경제와 생계에 더 쏠리는 시기로 볼 수 있다. 우선 지식검색 연관어가 이전보다 많이 증가하는데, '기준'(4위) '내용'(7위) '세분화'(8위) 등 거리 두기

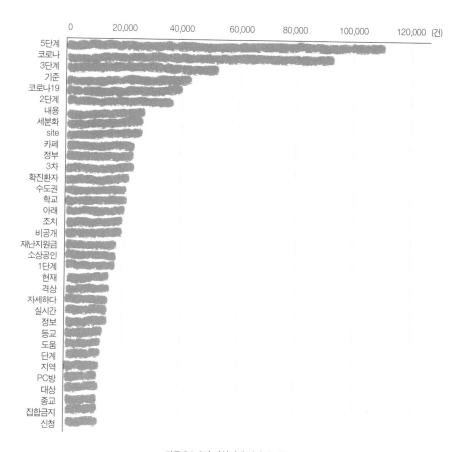

자료 84 3기 지식검색 연관어 비중

관련 영업 제한의 정확한 기준과 내용을 묻는 글이 쏟아진다. 또 9월과 2021년 1월에 지급을 시작한 2, 3차 재난지원금(20위) 관련 문의도 폭증한다. 댓글에도 '자영업자'(21위) '식당'(26위) '집합금지'(64위) 등 영업 제한 관련 단어들이 상위를 차지한다. 특히 '죽다'

같은 부정적 언어가 24위까지 상승해 거리 두기 피해 계층의 절박함을 적나라하게 보여 준다.

새로운 방식의 협력과 연대를 위하여

————

코로나가 나타나기 전까지 한국 사회의 발전은 기본적으로 다수가 똘똘 뭉쳐 이뤄낸 것이었다. 산업적 성취뿐 아니라 민주화를 위한 대장정도 마찬가지였다. 1987년 서로 어깨를 맞대고 시위하며 직선제를 통한 절차적 민주주의를 쟁취했고, 2017년 민주주의를 위협받는 정치적 격변 속에서 수많은 사람이 모여 촛불을 통해 대통령 탄핵을 가능하게 했다. 이처럼 한국인의 근현대사를 통틀어 보면 뭉쳤을 때 발휘되는 연대의 효과가 다양한 사례 속에서 빛을 발해 왔다. 더 나은 사회를 위한 연대의 가치는 우리의 경험 속에서 이미 수없이 검증되었다고 할 수 있다.

하지만 다른 나라와의 객관적인 수치를 비교하면 우리의 연대성은 매우 미약하다. 물리적 연대가 아닌 연대에 필요한 태도와 인식의 취약함이 그대로 나타난다. 제6차 〈세계가치조사World Values Survey〉에 따르면, 국가별 국민의 연대성 수준을 비교하는 연대적 인간 유형 비율이 한국은 세계 전체 평균인 24.4퍼센트에서 크게 떨어지는 13.9퍼센트에 불과했고, 조사된 14개 OECD 국가 중 최하위를 나타냈다. 아울러 연대에 있어 필수 요건이라고 할 수 있는 사회적 신뢰와 관련해서도 2016년과 2017년에 OECD에서 실시한 〈한눈에 보는 사회Society at a Glance〉 조사 결과가 시사하는 바가 크다. 우리나라는 '가족'에 대한 신뢰는 조사 대상 국가 중 최상위를 기록했지만, '이웃 주민'이나 '이방인'에 대한 신뢰 정도는 최하위를 나타내고 있다. 통계청의 〈한국의 사회지표〉에서도 우리의 대인對人 신뢰의 저하 양상을 볼 수 있다. 특정한 대상이나 집단, 관계를 불문하고 사회구성원 일반을 얼마나 신뢰할 수 있는지를 의미하는 일반화된 신뢰 지표값이 2014년 73.6퍼센트에서 2019년 66.2퍼센트로 하락했다. 관계에서의 제한된 신뢰는 연대의 대상과 폭을 확장하는 데 큰 걸림돌로 작용한다.

물리적 연대는 나와 내 가족, 보이는 주변만 잘하면 된다는 생각이다. 반면에 의식적 연대를 실천하려면 대상의 폭이 더 넓어져야 한다. 불특정 다수의 안전을 위해 보이지 않는 곳에서도 위생 수칙을 지키는 것이 대표적이다.

사회학자 강수택은 우리 사회에 필요한 인간 유형을 호모 솔리다리우스Homo Solidarius(라틴어로 '연대하는 인간')로 표현하며 상호 의존의 필요성과 중요성을 강조했다. 장기화되는 코로나19 상황 속에서 위기 극복을 위한 대처는 사회구성원 모두의 연대에 기반하여 마련될 수밖에 없다. 다만 방역을 위한 물리적 거리 두기가 필수 상황이 되면서 과거와는 다른 형식의 연대가 모색되어야 한다. 오늘날 한국은 초고속 인터넷망 덕분에 모이지 않아도 업무를 처리하고, 취미부터 디지털 돌봄 서비스까지 빠르게 이용할 수 있다. 사회활동도 마찬가지이다. 펀딩, 학회 등 기술을 통해 여럿이 뜻을 이루는 모임이 어렵지 않게 이루어진다. 물론 즉각적인 손길이 필요한 상황에서는 사각지대가 될 수밖에 없지만 보완해 나갈 것이다. 앞으로 더 촘촘해지는 사회연결망 속에서 더 다양한 성격의 활동을 기대해 볼 수 있다.

그동안 확진 환자에 대한 사람들의 감정적 비난과 분노가 확진 환자를 숨게 만들어 오히려 방역 자체를 어렵게 한 적이 있다. 의식적 연대가 부족한 상태로 거리를 두면서 생겨난 막연한 두려움이 확진 환자의 소식에만 더 몰입하게 한 것이다. 올바른 정보 공유뿐 아니라 실질적이고 안전한 문제 해결을 위한 협력과 연대의 중요성은 여전히 유효하다. 몸은 떨어져 있지만 창의적 방식에 의한 연대의 방정식이 필요한 시점이다.

참고문헌

4장 / 효용보다 가치, 구매를 결정하는 새로운 패러다임

닉 서르닉, 《플랫폼 자본주의》(2020), 킹콩북

가이 스탠딩, 《불로소득 자본주의》(2019), 여문책

강수현 & 이수형, 〈지역사회 주민의 사회적경제에 대한 인식과 가치소비 태도에 관한 연구〉(2019), 사회적경제와 정책연구 9(4)

김연수, 〈가치소비 웨딩문화의 웨딩드레스 디자인 개발 연구〉(2017), 이화여자대학교 대학원 석사학위논문

김미희, 〈항공사 온라인 서비스 편의성이 가치소비, 고객만족과 행동의도에 미치는 영향 연구〉(2016), 경기대학교 서비스경영전문대학원 박사학위논문

손조기 & 윤성준, 〈소비가치에 기반한 공유경제 서비스의 이용의도에 관한 연구〉(2020), 상품학연구 38(2)

전지현, 〈가치소비에 대한 탐색적 연구: 가치와 양면적 의복소비행동과의 관계〉(2010), 충남대학교 대학원 박사학위논문

고준호, 〈공유서울의 대표사업, 나눔카의 효과와 운영 방향〉(2015), 서울연구원 정책리포트 제197호

Shete, J. N., Newman, B. I., & Gross, B. L. (1991). 〈Why we buy what we buy: A theory of consumption values〉, Journal of business research 22(2)

곽도영, 〈MZ세대 불매에⋯ '인종차별 게시물' 페북 결국 항복〉(2020.06.29.), 동아일보

이유진, 〈'21세기 자본주의 세계' 플랫폼은 독일까 약일까〉(2020.05.29.), 한겨레

한국과학기술정보연구원, 〈카셰어링-공유경제 관심 속 시장 규모 지속적 증가〉(2017),
KISTI 마켓리포트 2017-1

12장 / 코로나19를 둘러싼 말들의 세계

http://igraph.orgCsardi, G., & Nepusz, T. (2006). The igraph software
    package for complex network research. InterJournal, Complex
    Systems, 1695. Retrieved from

Evans, J. A., & Aceves, P. (2016). Machine Translation: Mining Text for
    Social Theory. Annual Review of Sociology, 42(1), 21-50. doi:10.1146/
    annurev-soc-081715-074206

Fortunato, S., & Hric, D. (2016). Community detection in networks: A user
    guide. Physics reports, 659, 1-44. doi:10.1016/j.physrep.2016.09.002

Hornik, K., Meyer, D., & Buchta, C. (2019). slam: Sparse Lightweight
    Arrays and Matrices (Version R package version 0.1-47). Retrieved
    from https://CRAN.R-project.org/package=slam

Kwartler, T. (2017). Text mining in practice with R: John Wiley & Sons

Pedersen, T. L. (2020). ggraph: An Implementation of Grammar of
    Graphics for Graphs and Networks. Retrieved from https://CRAN.
    R-project.org/package=ggraph

R Core Team. (2020). R: A Language and Environment for Statistical
    Computing. Vienna, Austria: R Foundation for Statistical Computing.
    Retrieved from https://www.R-project.org

Roberts, M. E., Stewart, B. M., & Tingley, D. (2014). stm: R package for
    structural topic models. Journal of Statistical Software, 10(2), 1-40

Silge, J., & Robinson, D. (2016). tidytext: Text Mining and Analysis Using
    Tidy Data Principles in R. Journal of Open Source Software, 1(3), 37.
    doi:10.21105/joss.00037

Wickham, H., Averick, M., Bryan, J., Chang, W., McGowan, L. D. A., Francois, R., ⋯ Yutani, H. (2019). Welcome to the tidyverse. Journal of Open Source Software, 4(43), 1686. doi:10.21105/joss.01686

13장 / 미디어의 변화와 사라지는 공론의 장

한국언론연감(2000~2019), 〈2019 언론수용자조사 보고서〉, 한국언론진흥재단

포스트 코로나 시대,

데이터로 읽는 대한민국

1판 1쇄 인쇄 | 2021년 7월 8일
1판 1쇄 발행 | 2021년 7월 15일

지은이 | 배영, 강경란, 이주량, 이서경, 조인혜, 최홍규, 조주행, 송민택, 조원광, 박형철

펴낸이 | 박남주
편집자 | 김지현
펴낸곳 | 플루토
출판등록 | 2014년 9월 11일 제2014-61호

주소 | 04083 서울특별시 마포구 성지5길 5-15 벤처빌딩 510호
전화 | 070-4234-5134
팩스 | 0303-3441-5134
전자우편 | theplutobooker@gmail.com

ISBN 979-11-88569-26-7 03300